C
H
V

Margriet de Moor

Ich träume also

Erzählungen

Aus dem Niederländischen von
Helga van Beuningen

Carl Hanser Verlag

Titel der Originalausgabe:
Ik droom dus
Uitgeverij Contact Amsterdam/Antwerpen

1 2 3 4 5 00 99 98 97 96

ISBN 3-446-18763-4

Satz: Fotosatz Reinhard Amann, Aichstetten
Druck und Bindung: Friedrich Pustet, Regensburg
Printed in Germany

Inhalt

Ich träume also

Ich war eine glückliche Frau. Die Form meines Gesichts: oval. Augenfarbe: grau oder hellblau. Mein Gang war auffallend: ziemlich resolut für die kleine Person, die ich war. Die Frage meines Alters hatte sie schwierig gefunden – sechs-, siebenunddreißig, vielleicht auch älter –, denn ich war sportlich und gepflegt.

Dienstag und Freitag morgens kam ich gegen zehn aus dem Haus, die Haare zu einem Pferdeschwanz gebunden. Eine weiße Schleife. Mädchenhaft. Manchmal trug ich über den Shorts eine offenhängende dünne Leinenjacke – sie hatte meine Beine ganz deutlich gesehen, gerade und braun, verblüffend lebendig, das waren doch Gliedmaßen, mit denen man jederzeit stürmisch umspringen konnte –, doch meistens reichte eine Strickjacke, denn erst hatten wir ein sonniges Frühjahr und danach einen traumhaften Sommer. Ich lehnte mein Fahrrad und den Schläger an den Zaun und bückte mich, um nach den Primeln zu sehen. Sie hatte festgestellt, daß mich mit diesen Primeln etwas verband. Sie wuchsen um den Stamm einer Eiche, bläulich, rosig, ich sah sie mir hockend an und knipste die verwelkten Blüten heraus. Hinter mir lag der Garten, wunderschön, mit Bambus und Hortensien, doch ich hatte nur Augen für diese Blümchen.

Zwei Stunden später bog ich auf meinem Fahrrad wieder in die Straße. Meine Bewegungen waren träge. Meine Haut glänzte ein wenig. Ich summte oder pfiff durch die Zähne. Das Ruhigwerden eines Körpers, der etwas zustande gebracht hat. Der gerannt ist, gewonnen, verloren hat. Dem vielleicht etwas beigebracht wurde: Wenn du den Arm so hältst, wenn du deine Kraft so einsetzt, diese Schritte machst, dann tritt, siehst du, genau das ein, was du erreichen wolltest.

Der Rest war natürlich nicht schwer zu erraten. Meine Kinder waren noch in der Schule, mein Mann bei der Arbeit, ich ging die Treppe hinauf in dem leeren Haus, überall standen Türen auf, meine Tochter war eine Schluderliese, ich hob ihr auf den Boden gerutschtes Federbett auf und ging mich duschen. Ich warf meine Sportsachen, die nicht richtig schmutzig geworden waren, in die Trommel für eine schnelle private Feinwäsche.

Sie hatte ihre Schlußfolgerung nicht leichtfertig gezogen. Schließlich ging es um eine Sache, die außergewöhnlich und eigentlich erschreckend war. Schön und glücklich. Mit dem Scharfsinn eines Archäologen, der anhand einiger geschwärzter Bruchstücke sehr wohl in der Lage ist, Form und Farbe der entschwundenen Schwalben, Greife, Delphine eines Freskos in die Gegenwart zurückzuholen, hatte sie es verstanden, ihre Beobachtungen zu einem schlüssigen Ganzen zusammenzufügen. Geliebt. Mein Mann liebte mich.

An einem Samstag, am späten Vormittag, war er aus dem Haus getreten, Schultern ein wenig hochgezogen, Hände in den Taschen seiner Freizeithose. Ein eleganter Mann, schon früh ergraut, vermutlich bekleidete er einen bedeutenden Posten im Staatsdienst. Aus der Art und Weise, wie er durch den Garten schlenderte, ließ sich ablesen, wie wohl er sich fühlte. Das Schlafzimmer hinter den blauen Vorhängen. Es schimmerte in der kurzen Bewegung durch, mit der er eine in den letzten Zügen liegende Blüte abbrach, im Pss!! Pss!!, mit dem er die Katze zu locken versuchte, in den Plänen, die er schmiedete, heute die junge Buche umzupflanzen. Befriedigt. Auch beruhigt, bei ihm war noch alles in Ordnung. So etwas kann man sehen.

Ich lag tief eingekuschelt in meinem großen Bett. Holte tief Luft nach dem Überfluß, den ich mir zum soundsovielten Mal hatte gefallen lassen. Mein Nachthemd lag irgendwo auf dem Boden herum. Neben dem Spiegel hing das Kleid, das ich am Abend zuvor getragen hatte. Wir waren spät nach Hause gekommen – genau zwölf Minuten nach zwei fuhr der Volvo die Auffahrt hinauf –, oben hatte ich das Fenster einen Spaltbreit geöffnet, vielleicht war es mir da aufgefallen, daß gegenüber noch Licht brannte. Das Schlafzimmer mit den blauen Vorhängen. Es hatte zweifellos einen weichen Teppich, einen Frisiertisch und einen nach Seife duftenden Wäscheschrank. An der Wand gegenüber den Fenstern hing das Bild, das manchmal, an hellen Tagen, ziemlich genau zu erkennen war. Eine abstrakte Komposition mit großen Formen und grellen Farben.

»Eva!« rief er, als ich kurz darauf in Jeans in der Tür aufgetaucht war – ich hieß Eva –, »hörst du den Specht?« Danach fühlte er behutsam vor: »Ich denke daran, die Buche umzupflanzen.«

Ich zuckte mit den Achseln, lachend, der Garten war seine Sache, und ging wieder ins Haus, durch den Flur, zu der kleinen Terrasse auf der Rückseite, mein Reich mit den Liegestühlen und dem Sonnenschirm. Noch einen Moment, dann würden sich meine halbwüchsigen Kinder mit ihrem Tee und den Butterbroten zu mir setzen. Mit halbem Ohr würde ich ihren Erlebnissen lauschen.

Die Kinder. Sie hatte entdeckt, wo ich manchmal gegen neun Uhr morgens hinging. Es gab einen Platz mit Kastanienbäumen vor dieser kleinen Schule ganz aus

Holz. In der Zeit, als sie, vorsichtig gestützt, noch aus dem Haus ging, hatte sie einmal gesehen, daß all die Kleinen auf mich zugerannt kamen, ich hielt lachend etwas in die Höhe, meine Haare flogen, und auch all diese kleinen Kinder flogen, wie vom Wind gepackt, auf mich zu. Aber es war ein unregelmäßiger Job. Es war offensichtlich, daß ich eine Aushilfe war.

Ich hörte diese Geschichte etwa drei Monate nach ihrem Tod. Es war Winter. Ihr Mann rief mich an.

»Hier Blok.«

Ich starrte auf den tristen nassen Garten, die Primeln lagen platt auf dem Boden. Sie würden diesen Umzug nicht überleben.

Der Name sagte mir nichts.

»Sie waren unsere Nachbarn von gegenüber«, sagte der Mann. Seine Stimme klang sanft. Schüchtern. »Meine Frau hegte eine tiefe Sympathie für Sie.«

Vor lauter Verblüffung vergaß ich zu reagieren.

»Sie heißen Eva Mooyman-Duyf«, fuhr er fort.

»Eva Duyf«, korrigierte ich, wie ich es in letzter Zeit eben gewöhnt war.

Dann erzählte er mir, daß sie gestorben sei. Er erzählte es mit eigenartigen Worten, als habe er sich auf dieses Gespräch nicht vorbereitet. Er sagte, er habe viel Pech gehabt, viel Kummer, weil sie nicht mehr da sei. Es sei alles sehr unglücklich gelaufen und auch so unerwartet.

»Plötzlich waren Sie weg«, sagte er, während ich noch dachte, daß er von seiner Frau spräche.

In klagendem, aber nicht vorwurfsvollem Ton begann er, die beiden Möbelwagen zu beschreiben, die eines Donnerstags, noch vor zehn Uhr morgens, in der Straße aufgetaucht waren. Vier Kerle in blauen Arbeitsanzügen waren wie die Hyänen – dieses Wort benutzte er – von allen Seiten in mein Haus eingedrungen, um mit ihrer

Beute beladen noch vor Mittag wieder wegzufahren. Hinter den Fenstern im Salon waren die Azaleen in ihren weißen Töpfen stehengeblieben, doch die Primeln hatte mein Sohn im letzten Augenblick ausgegraben und in einer Gemüsekiste mit verladen. Ich hatte mich den ganzen Vormittag nicht gezeigt.

Nachdem ich ihn anfänglich völlig verständnislos angehört hatte, begann mir etwas zu dämmern. Das Paar, das in der großen Villa gegenüber Zimmer vermietete. Dort wohnten so viele Leute, selten für lange. Wir, mit unseren schön gestalteten Tagen, sahen keine Veranlassung, Bekanntschaft mit ihnen zu schließen. War ich den beiden je begegnet? Nein. Ja, doch. Eines Tages kam ich gerade die Stufen des fahrenden Lebensmittelladens herunter – Kaffee und Zucker an die Brust geklemmt –, als sie da standen. Die Frau sah mich starr an, ein bäurisches Gesicht mit stumpfen braunen Augen, er aber, also Blok, grüßte und lüpfte kurz den Hut, eine Geste, die mich berührt hatte, weil man sie nicht mehr oft sieht. Ein anderes Mal war ich ihnen im Dorf begegnet. Die Frau hatte dicke Beine und Mühe beim Gehen. Wieder dieser starrende Blick. Ein Gesicht, das an ein Tier im Stall erinnerte. Dumm und warm. Ich mußte einen Schritt beiseite treten, weil sie mich sonst wie eine Kuh umgerannt hätte. Als wir aneinander vorbeigingen, waren die Augen ihres Mannes nervös, lauernd von mir zu ihr gesprungen.

»Meine Frau hegte eine tiefe Sympathie für Sie«, wiederholte er.

Einen Moment lang blieb es still.

»Ich erinnere mich an sie«, sagte ich.

Es klang, als stimmte ich irgend etwas zu.

Dann fragte er, ob ich ihn nicht mal besuchen wolle. Es sei ihm ein Bedürfnis, über seine verstorbene Frau zu sprechen. Mit mir.

Ich verstand es nicht. Ich fühlte mich nicht gut an diesem Morgen. Mein Hals war dick und tat weh, und meine Kinder waren beim Frühstück gehässig und grantig gewesen, zueinander und zu mir, schlechtgelaunt waren sie in die Schule gegangen. Sie konnten sich hier, in Nieuw-Vennep, genausowenig einleben wie ich, am Wochenende hatten sie die Wahl zwischen der Disco und der Snackbar Wil, hier wurde nicht Hockey, sondern nur Fußball auf einem Platz gespielt, der ewig naß war, aber die Grundschule hatte eine Erzieherin auf Teilzeitbasis gebrauchen können.

Meine Augen wanderten umher. Sogar halbiert war das Mobiliar für dieses Wohnzimmer noch viel zu umfangreich – hatte ich wirklich einmal die Hand im Spiel gehabt bei der Anschaffung dieser lächerlichen Möbelstücke, der Couch mit den gedrechselten Füßen, des Sofatischs aus dickem Glas? –, oben dagegen, im großen Kleiderschrank, drückten sich meine Kleider und schönen Pluderhosen fröstelnd aneinander, eine kümmerliche Reihe ohne die Rückendeckung der grauen dreiteiligen Anzüge, der Pullover, des Morgenmantels aus dunkelroter Seide.

Mir schwirrte der Kopf.

War nicht alles Wahnsinn, Betrug, Niederlage? An einen Mann, mit dem man siebzehn Jahre zusammengelebt hat, schickt man Briefe über einen Anwalt, und ein unbekanntes Geschöpf, eine arme Seele, hat Sympathie für einen empfunden, und beide sind verschwunden, haben sich aufgelöst im Regen, der in diesem Dorf nach Lehm und schmutzigen Hunden riecht.

»Ich werde kommen.«

Blok dankte mir kurz. Plötzlich hatte er es eilig. Wann es mir passen würde?

Mittwoch.

Ich rechnete nach, Bus, Zug, umsteigen, noch ein Bus.

Wir verabredeten uns für Mittwoch nachmittag, drei Uhr.

Ich roch den charakteristischen Geruch dieses Hauses, während ich hinter ihm die Treppe hinaufging. Es war totenstill. Die anderen Bewohner ließen sich weder sehen noch hören, doch aus allen Zimmern und Fluren schienen sich ihre Alltagsgewohnheiten in diesem düsteren Treppenhaus versammelt zu haben.

Das Ausklopfen der Decken, das Auswechseln des Blumenwassers, das Kochen guten, starken Kaffees, das Geschlossenhalten der Fenster aus Abneigung gegen die feuchte Nachtluft, das Essen gestampfter Möhren mit Porree und Speck ...

Ich war wie ein Kind im Zoo, das verblüfft den Geruch des Giraffenhauses schnuppert. Die Giraffen sind nicht da. Tot oder weg.

»Jetzt geht es scharf um die Ecke«, warnte Blok. Er drehte sich kurz nach mir um.

Auf dem Treppenflur drang ein Geruch von Chlorwasser aus einer offenen Tür. Danach kam eine zweite Treppe. Mit schmaleren Stufen und noch dunkler als die erste.

Man schmiert sich mit Lotion, Buttermilchseife, Vaseline ein, man wirft die Fischköpfe weg, ohne Bouillon daraus zu kochen, man füttert die Goldguppys mit lebenden Fliegen, man befeuert den Allesbrenner, verstrickt Schafwolle, raucht Halfzware, wäscht mit optischen Aufhellern ...

All diese rastlosen Beschäftigungen, jeden Tag von neuem, man würde denken, daneben hätte niemand mehr Raum, um Schmerzen zu erleiden, Verzweiflung zu empfinden.

»Noch vier Stufen.«

Doch als ich höher kam und immer stärker den Eindruck gewann, in einen Unterschlupf einzudringen, in dem ich mit der Schärfe eines Tiers die Eigenart – das, worum es ging – all dieser anderen Wesen an ihrem Geruch unterscheiden konnte – ekelerregend, faszinierend –, da begann ich allmählich etwas von der Notwendigkeit dieser Alltäglichkeit zu begreifen.

Wir waren angelangt. Ich überlegte, wie seine behinderte Frau mit dieser Höhe fertig geworden war. Indem sie sich auf jede Stufe setzte? Hatte Blok sie gestützt? Hinaufgeschoben? An den Armen hochgezogen? Er ging mir schnurstracks in ein kleines Zimmer voran und schob den Store an einem kleinen Fenster auf die Seite.

»Sehen Sie, Eva«, sagte er. »Ihr Haus.«

Meine Augen folgten seiner Handbewegung, und tatsächlich sah ich unser früheres Haus auf der gegenüberliegenden Straßenseite. Aber ich war abgelenkt, mein Name klang zu familiär aus seinem Mund. Ich drehte mich um und sah ihn mir zum erstenmal richtig an. Ein kleiner Mann, unscheinbar, mit grauen Schatten auf den Wangen. Die Art und Weise, wie er die Schultern hängenließ, schien darauf hinzudeuten, daß er gewohnt war, sich in Geduld zu fassen, zu warten. Es dauerte einen Moment, bis mir aufging, daß seine ausgestreckte Hand mir aus dem Mantel helfen wollte.

»Ich muß Sie einfach bei Ihrem Namen nennen«, sagte er entschuldigend.

Ich schmeckte den süßen Tee, den Blok mir eingeschenkt hatte. Mit Zimt gewürzt. In dem kleinen Zimmer mit Blick auf die Straße saßen wir uns an einem Tisch gegenüber, der genau unter dem Fenster stand. Nichts in dem Raum deutete auf Behaglichkeit hin. Tisch. Zwei Stühle. Kleiner Schrank mit leeren Fächern neben der Tür. Ich mußte an das ärmliche Wartezimmer eines unbefugten Gesundbeters, eines Dorfkaplans denken.

»Erzählen Sie mir von Ihrer Frau«, sagte ich.

Er aber sprach von dem Fest, das wir für Verwandte und Freunde gegeben hatten, als mein Mann in Utrecht ein neues Geschäft eröffnete.

»Da hatten Sie wahnsinniges Glück«, sagte er in bewegtem Ton, »daß Mitte April schon so schönes Wetter war. Ihre Kinder stellten Tische ins Freie. Ihr Mann installierte eine Bierzapfanlage.«

Ich sah ihn sprachlos an.

Dann erzählte er mir, daß er sich an das Fest so gut erinnere, weil seine Frau an dem Tag wieder zum Leben erwacht sei. Erst habe er überhaupt nichts verstanden. Er kam von der Arbeit nach Hause – es war Sonntag, aber er hatte Dienst –, und da stand sie in der Küche und briet Fleisch mit Zwiebeln.

»Da drüben war ein Fest, sagte sie zu mir. Die letzten sind gerade gegangen.«

Während des Essens hatte sie das Radio eingeschaltet, es gab einen unterhaltsamen Bericht über das Sturmflutwehr in der Oosterschelde, und sie hatte nicht weiter darüber reden wollen. Er selbst hatte sich nicht getraut, etwas anzusprechen, denn irgendwas war mit ihr, sie wurde ihm jeden Tag fremder, unbekannter.

Er legte die Hände auf den Tisch. Wehrlose kurze Hände, anscheinend ein wenig klamm. Ich hatte den Eindruck, daß sein ohnehin nicht blühendes Gesicht noch weiter einfiel. Sein Kummer flößte mir vagen Abscheu ein. Weil der Tisch, an dem wir saßen, sehr schmal war, lehnte ich mich zurück.

Es begann mit kleinen Dingen. Lächerliche Kleider anziehen. Zwar neu gekauft, aber zu klein, zu groß, beschädigt. Von einem grauen Gabardine-Regenmantel mit tiefen Innentaschen behauptete sie hartnäckig, er stamme aus der Kollektion eines gewissen Govers, ein echter Govers, sagte sie immer, aber er hatte an die armen Schlucker in den Bahnhofshallen denken müssen, die eine Flasche Genever ans Herz gedrückt hielten.

Ihre Beine wurden dicker, vor allem die Fußknöchel, sie begann, Altfrauenschuhe zu tragen.

Von einem bestimmten Zeitpunkt an stießen ihr dumme Unfälle zu. Er konnte nicht einen Tag nach Hause kommen, ohne daß sie wieder irgendwo ein Pflaster, einen Verband hatte, ach, das sei nichts, sie habe sich geschnitten, sie sei im Badezimmer ausgerutscht, manchmal trug ihr Gesicht Spuren von Tränen, aber sie erzählte ihm nie, was los war.

Ihre Beine wurden sehr dick. Sie konnte die Knie nicht mehr richtig beugen.

»Ja natürlich«, antwortete er auf meine Frage. »Was gar nicht so leicht zu bewerkstelligen war, denn sie empfand es als Erniedrigung: Stücke ihres Körpers wie Ersatzteile, die nicht funktionieren, zur Diskussion zu stellen. So sah sie es. Sie kam als letzte dran. Siehst du, sagte sie, als sie aus dem Sprechzimmer zurückkam. Es ist nichts. Nur ein paar Vitamine schlucken.«

Kurz danach begann die Zeit, da sie kaum noch zu bewegen war, das Haus zu verlassen. Sie kochte nur noch selten. Wenn er nach der Arbeit nach Hause kam, lag sie oft schon im dunklen Schlafzimmer im Bett. An ihren Atemzügen war zu hören, daß sie nicht schlief, manchmal sah er das Schimmern ihrer geöffneten Augen, aber er war sich so gut wie sicher, daß sie es nicht einmal merkte, wenn er ihre Schulter berührte und mit ihr sprach.

An jenem Abend, dem Abend des Festes, ging sie zur gleichen Zeit zu Bett wie er. Sie drehte sich auf die Seite und begann dicht an seinem Ohr zu murmeln. Blok sah mich an.

»Sie sagte, daß Sie sehr hübsch waren. Sie trugen ein Kleid aus meerblauem Crêpe de Chine mit Volants am Rock. Ihre Haare waren hinten im Nacken aufgesteckt, was gut zu den großen Ohrringen paßte. Ihre Lippen waren knallrot geschminkt.«

Ich öffnete den Mund, um etwas zu sagen, aber Blok kam mir zuvor. Er fragte, ob ich noch Tee wolle, und ohne meine Antwort abzuwarten, stand er auf, stellte die leeren Tassen auf ein Tablett und verließ den Raum.

Als er mit behutsamen Schritten wieder zurückkam, sagte ich: »Ich sah an dem Tag abscheulich aus. Alle fragten, ob ich vielleicht erkältet sei. Meine Augen waren geschwollen. Mein Gesicht war dick überpudert.«

Er stellte den Tee ab und setzte sich wieder.

»Ich weiß, daß Sie nicht rauchen«, sagte er, »aber es stört Sie doch nicht, wenn ich mir eine anzünde?«

»Mein Mann und ich hatten die ganze Nacht geredet.«

Mit gerunzeltem Gesicht begann er, sich eine Zigarette aus dem unangebrochenen Päckchen zu klopfen.

Geredet, dachte ich, in der Tat. Was man eben so nennt: Worte. Das schreckliche Gespräch, das wahrscheinlich in jeder Beziehung irgendwann einmal dran ist. Bei uns hatte es etwas in Gang gesetzt. Manche Dinge, gefährliche Dinge, die in der Nähe sind, ohne einen zu berühren, sollten besser keine andere Gestalt annehmen. Worte. Manchmal sind sie das Ende.

»Ich hatte bis zum Morgen geweint.«

Blok starrte über mich hinweg, sein Gesicht schemenhaft im Rauch.

»Sie sagte, daß Sie sehr hübsch waren«, wiederholte er, und dann, nach kurzem Nachdenken: »Und Sie waren sehr fröhlich.«

Ich spürte die weiche Wolle meines Pullovers am Hals und an den Handgelenken. Wenn ich die Beine überschlug, spürte ich, wie die Strümpfe aneinanderrieben, und das verschaffte mir diese unangenehme Empfindung, die ich von anderen Gelegenheiten, bei denen ich bei Bewußtsein war, sehr gut kannte. Dem Schmerz nach zu urteilen, den ich verspürte, als ich mir auf die Lippen biß und mir ziemlich genüßlich die langen Fingernägel der rechten Hand ins Fleisch meines linken Arms drückte, mußte ich wohl konstatieren, daß ich nicht schlief. Ich war wach und hörte einer nächtlichen Geschichte zu.

Er reihte seine Worte leise, fast flüsternd, aneinander, mit dem zwingenden Metrum, das manche Leute unbewußt benutzen, wenn sie sich zusammennehmen müssen, weil sie eigentlich lachen oder weinen wollen, und ich dachte nicht mehr daran, aufzubrechen und draußen im Regen zur Bushaltestelle zu gehen.

... daß ich da zwischen meinen Verwandten und Freunden umherging und daß sich alle, wenn ich mich näherte, mir zuwandten und ihre Gespräche auf mich abstimmten; daß meine Kleidung, mein Lächeln und meine Bemerkungen von dem dunklen jungen Mann, der mein Tennislehrer war, zu meinen Gunsten ausgelegt wurden, desgleichen von dem lustigen alten Burschen, der mein Onkel war, von der redseligen Dame, die ein Bein auf den Stuhl gelegt hatte und meine Schwiegermutter war, weil ich mit der völlig berechtigten Besitzermiene einer Hausherrin in der Frühlingssonne herumspazierte; daß man meine beiden Schwestern auf Anhieb erkennen konnte ...

»Ich habe keine Schwestern«, sagte ich dumpf. »Nur einen Bruder.«

... auf Anhieb erkennen konnte. Zwei hübsche laute Frauen, die mich munter unterstützten: Thermoskannen, einen Stuhl mit gerader Rückenlehne, ein feuchtes Tuch brachten, ergänzten: von unserer Kindheit am

Meer erzählten, den gestrickten, bis unter die Knie reichenden, ausgeleierten roten Badehosen, Evas Angst vor ihrem eigenen Schatten, und akzentuierten: Sie waren dicker und älter. Daß sich mein Mann mit mir vor dem gekochten Schinken beriet, er gab mit dem Messer die abzuschneidende Stärke der Scheiben an, und wir nickten uns in ernsthaftem Einvernehmen zu. Daß meine Kinder mit den Kindern der Besucher im Haus blieben und sich da kaputtlachten. Daß ich am Ende des Tages ganz rot und warm war vom Wein, von der Sonne und vor lauter Genugtuung ...

Blok schwieg.

Dann sagte er: »Am nächsten Morgen bat sie mich, den Küchentisch vors Fenster zu stellen.«

Ich sah nach draußen. Ein Kind fuhr auf einem Fahrrad vorbei, sonst war die Straße verlassen. Verständlich, an einem so unfreundlichen grauen Tag. Auch in den Villen gab es nirgends eine Spur von Leben. Der von kahlen wehenden Sträuchern gesäumte Garten meines früheren Hauses kam mir sehr nah vor. Das war mir nie so bewußt gewesen.

Obwohl ich mich halb abgewandt hatte, hörte Blok nicht auf zu reden. Er drückte sich einfach aus. Es war angenehm, ihm zuzuhören. Ganz normale Worte. Über das Tun und Treiben von Menschen.

Von diesem Tag an erstattete sie jeden Abend, wenn er nach Hause kam, Bericht. Ihre Munterkeit steckte ihn an. Anfangs gab es zwar noch Momente, in denen sie ihn erschreckte, dann war er kurz davor, ihr zu sagen, daß es gefährlich sei, was sie tat, doch sie sah ihn so ruhig und normal an, während sie erzählte, sie aß wieder mit Appetit und trank abends einen Likör, daß er tatsächlich zugeben mußte, daß es ihr sehr viel besser ging.

Auch mein Haus war dunkel und ohne Leben. Unangenehm sah es aus. Kränkend. Die Fensterscheiben glänzten und spiegelten nichts anderes als den Regen und die winterliche Straße. Ich erinnerte mich, daß die neuen Bewohner, Mann und Frau, beide einem anspruchsvollen, aufreibenden Beruf nachgingen, Kinder gab es keine. Der Ort, dort gegenüber, schien sehr nahe, unerträglich, es schien möglich und auch sehr verlokkend, die saugende Distanz auf persönliche, originelle Weise aufzuheben. (Laut schreiend, wie ein Gewichtheber alle Kräfte anspannend. Die eigentliche Anstrengung dauert nur kurz. Danach: loslassen.)

Erschrocken wandte ich den Blick ab.

»An freien Tagen«, sagte Blok, »saß ich hier auch oft. Ihr gegenüber, am Tisch. Wie jetzt. Weil sie schon soviel allein war, wollte ich ihr Gesellschaft leisten, und, ach, es machte mir nichts aus. Ich lese gern. Es waren angenehme Stunden.«

Dann nahm seine Stimme wieder den Tonfall an, den ich bereits kannte, den ich übrigens schon seit der Zeit kannte, da ich ein Kind war und zugestimmt hatte, daß Worte Ereignisse sind.

Einen warmen Sommer lang lag ich in einem Liegestuhl im Garten, hängte Decken zum Lüften auf den Balkon, holte in einem weißen Morgenmantel die Post aus dem Briefkasten am Zaun, einmal, am Fenster des Salons, drückte ich meinen Sohn schützend an mich, einmal schrie ich meine Tochter an: Nein, nein! das tust du nicht!, kam aber gleich darauf lachend mit ihr aus der Tür, mein Mann holte jeden Samstag Brot und Blumen für mich.

»... eine ganze Kiste Primeln.«

Ich müßte protestieren.

»Die stammten aus dem Garten meiner Eltern. Mein Vater hatte sie ihm für mich mitgegeben.«

Blok sah mich traurig an.

»Und dann war es auf einmal zu Ende.«

Ich ließ den Kopf sinken. Er hatte recht. Zu Ende. Vorbei. Und sie war nicht die einzige, die aus dem Gleichgewicht geriet. Wer rechnet denn schon damit, daß die Wärme der Sonne auf einem Paar ausgestreckter Beine von vorübergehender Natur ist? Niemand. Kein Mensch. Diesen ganzen Sommer über erinnerte ich mich in schmerzlicher Verwunderung an den vorigen.

Plötzlich sah ich auf dem kleinen Schrank vor der fahlweißen Wand den Umschlag mit meinem Namen und meiner Adresse. Geschrieben in einer kräftigen Handschrift, die ich kannte. Der Handschrift meines Mannes.

Blok folgte meinem Blick und stand auf.

»Falsch zugestellt«, sagte er und händigte mir den Brief aus.

Ich drehte den ungeöffneten Umschlag wieder und wieder um. Der Poststempel besagte, daß mein Mann mir im vorigen Jahr um den 10. August herum geschrieben hatte.

Dies war der Brief, der mir angekündigt worden war. Ein letzter Versuch. Der Brief, in dem mein Mann die gesprochenen Worte mit etwas von großer Intensität und Kraft übertrumpfen wollte; mit sichtbaren Worten. Es hatte nach Schikane ausgesehen, daß ich ihn nicht erhalten hatte – ich litt an unerklärlich schikanösem und lügenhaftem Benehmen, und selbst nach siebzehn Jahren kann man nicht behaupten, man wisse, was sich hinter einer unbewegten Miene verbirgt, wieviel Verachtenswertes war nicht schon passiert ohne sein Wissen, was würde hinterher nicht alles für richtig erklärt werden müssen –, Briefe gehen nicht verloren.

»Natürlich hatten wir sofort beschlossen, daß ich diesen Brief noch am selben Tag bei Ihnen in den Briefkasten werfen sollte. Aber als ich nach dem Essen aufstand, sagte sie, es sei morgen auch noch früh genug. Briefe hätten Zeit. Danach schob sie es immer wieder hinaus. Nach einer Weile gewöhnten wir uns beide daran, daß der Umschlag dort auf dem Schrank stand. Manchmal nahm sie ihn in die Hand, las Name und Adresse laut vor und stellte ihn wieder zurück.«

Äußerst widerwillig betrachtete ich den Brief. Es schien mir unangebracht, daß er mich doch noch erreicht hatte.

»Sie können ihn behalten, wenn Sie wollen«, sagte ich. »Ich weiß, was darin steht. Es ist nicht mehr von Bedeutung.«

Blok nickte und streckte die Hand aus.

Ich stellte mir vor, wie sie hier gesessen hatte. Das Kinn auf der Faust. Die dicken, immer dicker werdenden Beine unter dem Tisch. In diesem winzigkleinen Zimmer hatte sie aufgehört, in ihr eigenes Inneres zu schauen. Und als wie überwältigend nah entpuppten sich da die wahren, intimen, bislang unausgefüllten Ereignisse ihres Lebens. Das Glas war zufällig in der richtigen Stärke geschliffen.

Ich kannte sie. Während sie in einer Tasse Kakao herumrührte, der schließlich zu kalt zum Trinken sein würde, mußte sie gedacht haben, es sei ihre Aufgabe, die Sache dort drüben in Gang zu halten. Daß sie daran einfach recht tue. Acht Stunden am Tag, manchmal noch länger, behutsam hinüberspähen, danach, angenehm müde, mit Blok reden, essen und schlafen und nach jedem Erwachen vielleicht ein paar kleine Korrekturen vornehmen – Eva hat erst etwas mitgenommen ausgesehen, sich aber nach einem Bad wieder völlig erholt –, und dann einfach wieder dasein und wahrnehmen.

So hatte sie hier gesessen.

Mit dem Kinn auf der Faust starrte ich aus dem Fenster. Draußen brannten die Straßenlaternen noch nicht, aber in diesem oder jenem Haus, das von Nadelbäumen in einem Garten umschlossen wurde, war das Licht bereits an. Und jetzt sah ich, daß auch in meinem Haus, irgendwo hinten, eine Lampe angeknipst worden war. Ein schwacher orangefarbener Schein gab zu erkennen, daß dort gleich etwas passieren würde.

»Darf ich Ihnen vielleicht ein Glas Wein anbieten?« kam Bloks Stimme.

Mein Blick glitt zurück in den dämmrigen kleinen Raum.

Er hatte graue, kritische Augen, die wahrscheinlich etwas kurzsichtig waren. Seine Haare waren eher etwas lang und kringelten sich über den Ohren, sie glänzten. Noch nicht so alt. Die schmale Nase gab dem Gesicht einen leicht ironischen Ausdruck. Ein intelligenter Mann. Alles andere als leichtgläubig. Einen angenehmen Anblick bot der Mund mit der sehr klaren, wie umrandeten Form der Lippen. Ausgesprochen zuverlässig, schien mir.

Gar keine schlechte Idee. Ein Glas Wein. Trinken und dann zurücklehnen, nichts mehr sagen. Auch nicht mehr denken. Den Kopf zur Seite drehen und nur noch schauen.

Alle Lichter sind jetzt an. Das Erdgeschoß und der erste Stock strahlen vor Wärme und Lebendigkeit, und sogar aus dem Fenster auf dem Dachboden, wo niemand etwas zu suchen hat, denn es ist Winter und die Campingsachen müssen da einfach liegenbleiben, fällt Licht. Wie gut ich die Zimmer kenne. Die große Stehlampe bescheint die Ecke im Wintergarten, in der man lesen und allein sein kann, und über dem Eßtisch hängt ein modernes Akrylglasding, das man höher und tiefer ziehen kann. Sie steht in der Küche wie jeden Tag um diese Zeit, wie gut ich sie kenne, ich lege letzte Hand ans Essen. Ich koche, was sie mögen, Spaghetti mit Käse, und ich mache einen Krautsalat. Mein Sohn deckt den Tisch, eigentlich ist er sich nie für irgendwas zu schade, er hat Geduld, und meine Tochter sitzt in der Ecke am Fenster, die Finger in den Ohren, und murmelt deutsche Vokabeln aus einem Heft vor sich hin. Wir gehen heute abend aus. Mein Mann ist oben, um sich schon zu duschen und umzuziehen, ich habe es gern so, dann habe ich gleich die Spiegel und Wasserhähne für mich allein. Ich freue mich.

Die Stille wurde durchbrochen. Irgendwo in dem großen, unbekannten Haus, in dem ich zu Besuch war, schlug eine Tür. Eine Frauenstimme rief etwas. Auf der Treppe waren Schritte zu hören. Manchmal wacht man auf, man hat etwas Harmloses geträumt, aber ein schweres Gewicht liegt einem auf der Brust. Sehr beunruhigt sah ich noch gerade, daß Blok mich mit herzergreifendem Gesichtsausdruck anstarrte.

Wir standen fast gleichzeitig.

Ich schüttelte den Kopf.

»Nein. Ich bin schon zu lange geblieben.«

Ein Glückstreffer

Der Junge langte gegen Mitternacht beim Antiquitätengeschäft an. Es regnete, es regnete schon den ganzen Weg, von Amsterdam-Oost bis zum Stadtteil Jordaan war ihm ein immer härterer, kälterer Strahl in den Nacken geströmt. Es hatte ihm nichts ausgemacht. Diesem Jungen konnten Kälte, Regen, kilometerlange Streifzüge durch eine zugige Stadt nichts anhaben. Selbst jetzt, da er sein Ziel erreicht hatte, starrte er noch einen Augenblick ins Schaufenster. Ein kleines Prunkinterieur aus Schränken, Tischen, Etageren mit Nippes glänzte ihm entgegen. Sein Lieblingsstück stand weiter hinten: eine Alabasterfigur, eine perlweiße Flora mit perlweißen Rosen im Haar. Der Junge betrachtete sie mit ausdrucksloser Miene, ohne Begierde, in der Manier eines Besitzers. In den Fingern spürte er ihre pudrigweiche Oberfläche.

Ein Radfahrer sauste hinter ihm vorbei. Ein Auto zuckelte um die Straßenecke. Der Junge rührte sich nicht. Mit dem Schlüssel in seiner Jackentasche spielend, schob er den angenehmen Moment weiter hinaus, wie er es schon den ganzen Abend über getan hatte. Was ist schöner, als mit seinen loddrigen Kumpeln in der Stammkneipe zu sitzen, weit vor der Sperrstunde aufzustehen, danach durch loddrige Viertel zu streifen und sich währenddessen leise zu sagen: »Na schön. Ich bin allein in einer fremden Stadt. Ich bin betrunken, ich habe mir stundenlang blödes Geschwätz angehört und habe selbst Stories erzählt, die niemand glaubt und die trotzdem wahr sein könnten. Es ist Mitternacht. Ich bin naß wie ein Hund. Sobald ich will, nehme ich meinen Schlüssel, schließe ein Haus auf und lege mich, so lang, wie ich bin, zu einer Frau, einer großen grellblonden Frau von dem Typ, der in der Kalverstraat keinen Zentimeter zur Seite geht.«

In den Jungen, der mit seiner Lederjoppe und dem vorgestreckten kahlen Kopf eine gewisse Ähnlichkeit mit einer Schildkröte hatte, kam Bewegung. Er öffnete die Tür und schaltete, wie seine Freundin es ihm gezeigt hatte, die Alarmanlage erst aus und gleich danach wieder ein. Dann ging er schnell durch den Laden in die Küche, knipste das Licht an und machte den Kühlschrank weit auf.

Da standen ihre Töpfe. Seit einiger Zeit konnte er den Anblick des grauen Emails ertragen, ohne daß ihn schauderte. Die Beulen, die angeschlagenen schwarzen Stellen, die kippeligen Böden und sogar die Ritzen unter den Deckeln, die verrieten, was Corrie in den nächsten Tagen essen würde. Zweimal pro Woche kochte sie schreckliche Dinge: Zwiebeln, Möhren, Rotkohl, Kartoffeln. Das war natürlich ihre Sache. Er brauchte ihr keine Gesellschaft zu leisten, wenn er nicht wollte.

Der Junge hockte vor dem Kühlschrank, er runzelte die Stirn und griff nach einer Schachtel mit Käseecken.

Vor gut einem halben Jahr hatte sie ihn eingelassen. Es war Sommer. Sehr heiß. In aller Frühe schon spritzten die Ladenbesitzer den Gehweg vor ihren Geschäften naß. Sie war frisch zurück aus dem Urlaub – ein ganzes Stück dicker, röter, blonder – und hatte am Abend zuvor einen guten Deal gemacht, indem sie einen monströsen Kabinettschrank, einen Ladenhüter, der sie schon seit Jahren ärgerte, gegen eine Alabasterfigur tauschte. Sie firnißte gerade, durch die Zähne pfeifend, eine Heidelandschaft, als sie merkte, daß im schräg einfallenden Sonnenlicht jemand in der Tür stand. Sie hatte nicht die leiseste Ahnung, was da in sie fuhr. Sie war vierzig. Er schien ihr noch keine zwanzig zu sein. Aber als sie kurz darauf, hinten im Laden, ihm gegenüber am Tisch saß und den Blick über sein mißmutiges rotes Gesicht gleiten ließ, sein Hemd, das an den Knöpfen spannte, die grobknochigen Handgelenke, da hatte sie schlucken müssen. Sie begriff, daß sie an die Liebe dachte.

»Findest du sie nicht schön?« fragte sie nach einer Weile.

Der Junge drehte ihr erst sein Gesicht zu und dann die Augen, die zwar etwas vorquollen, aber blau waren wie der Ozean. Er schluckte. Er sah erst jetzt, wen er vor sich hatte.

»Ja sicher.«

Eine Frau, die mit nackten, ausgebreiteten Armen die Kämme in ihrem Haar zurechtschob. In ihren Achseln wuchs aschfarbener Flaum.

»Es ist eine Göttin. Eine Blumengöttin. Paß mal auf, für die habe ich innerhalb kürzester Zeit einen Abnehmer.«

Dann fragte sie, ob er ein Bier wolle.

»Ja sicher«, sagte er wieder.

Sie kam mit Gläsern und Flaschen aus der Küche, goß rasch ein und zog beim Hinsetzen den Stuhl mit einem Fuß etwas näher zum Tisch heran.

Sie sagte: »Du kommst aus dem Norden.«

Er starrte sie an. Und plötzlich überkam ihn das Gefühl, etwas Schönes liege in der Luft, ein Glückstreffer, ein kolossales Glück. Er schluckte sein »Ja sicher« hinunter und begann zu trinken.

Sie kamen ins Gespräch an diesem Nachmittag. Das heißt: Die Geschäftsfrau schien sich für das Dorf in der

Provinz Groningen zu interessieren, aus dem ihr Gast kam. Für die kleine Kirche, die Bauernhöfe mit den Treppengiebeln, die tiefschwarzen Ländereien seines Vaters, die gleich an der Hintertür begannen. Mein Gott! Du hättest die Schafsaugen sehen müssen, wie dämlich sie dreinschauten, wenn mein Bruder die Viecher nach Ostern zum erstenmal anfing zu scheren! Sie war fasziniert, mitunter auch gerührt. Er sprach auf die stammelnde, ungläubige Art und Weise, die zu seinen Lügen, den Scherzen paßte. In Wirklichkeit war er bei zwei Onkeln aufgewachsen, zwei unverheirateten Bauern, die gar nicht daran dachten, ihn beim Namen zu nennen. Junge, sagten sie, wenn sie von ihm sprachen, oder auch: der Junge. Wir schicken gleich mal den Jungen. Der Junge bringt's vorbei. Wenn er an seine Jugend dachte, was selten vorkam, dachte er aus irgendeinem unerfindlichen Grund an die Art und Weise, wie die beiden kochten. In gewisser Weise wurde die ganze Empfindlichkeit dieses Jungen von folgendem Bild aus seiner Jugend geprägt: seine Onkel, die mit dicken, bloßen Händen die Kartoffeln und das Gemüse aus einiger Entfernung in ein paar Emailtöpfe werfen. Das Wasser spritzt auf. Das Feuer zischt mit schmutziggelber Flamme. Ohne sich auch nur einen Schritt von der Anrichte wegzubewegen, pfeffert einer von ihnen einen Löffel Salz hinterher. Mit achtzehn beschloß er, die Gegend, in der er geboren war, für immer zu verlassen.

Kurz vor Ladenschluß verabschiedeten sie sich. Der Junge versprach, sich am nächsten Morgen sofort an die Arbeit zu machen, in einem Antiquitätengeschäft gibt es immer jede Menge zu tun.

Sie standen draußen auf dem Gehweg. Der Verkehr war in der engen Straße zum Erliegen gekommen. In einem Traum aus Hitze, Lärm und Gestank hörte er sie fragen: »Wie heißt du eigentlich?«

Er verspürte einen leichten Schauder.

»Willem«, sagte er dann.

Es war totenstill in der Küche. Weil der Junge die Zwischentür zum Laden geschlossen hatte, drang nicht einmal das Ticken der beiden französischen Pendeluhren durch. Er spürte, daß er immer noch leicht betrunken war. Während er mit beherrschten Schritten, den Blick zum Boden gewandt, hin und her ging, wickelte er die Käseecken aus dem Silberpapier. Dann und wann fiel sein Blick auf die halbmorschen Fußleisten.

Löcher, Ritzen, aber sonst nichts. Es gab keine Mäuse mehr, keine Ratten, wie Corrie hartnäckig behauptete. Das Geraschel unter dem Fußboden war verschwunden, der süßliche, ekelhafte Geruch ebenfalls, und auch das Phänomen, das ihn manchmal zur Weißglut gebracht hatte: eine schwarze huschende Bewegung, wie von irgendeinem Mechanismus, im Augenwinkel – drehte er dann blitzschnell den Kopf ... nichts! Als sie kein Brot mehr auf dem Tisch liegenlassen konnte, als sie die widerlich großen, klebrigen Kötel in ihren Emailtöpfen fand, da hatte Corrie ihn zur Drogerie in der Tuinstraat geschickt.

Es war einfacher gewesen, als er gedacht hatte. Rattengift kaufen ... Arsen ... Auf der Hut, von einem unerklärlichen Gefühl des Sichstrafbarmachens befallen, ging er ein paarmal an dem Laden vorbei. Altmodisches Geschäft. Negerkopf über der Tür. Schrubber und Besen zu beiden Seiten des Eingangs.

Der Mann hinter der Theke hörte sich sein Gestammel völlig ruhig an.

»Aber ja. Das habe ich in verschiedenen Ausführungen da. Im Moment wird es relativ oft verlangt. Die meisten nehmen die Marke Abru.«

Er drehte sich um und langte in ein Fach in der

Vitrine; dann fing er vom Noordermarkt an und den feuchten Kellerwohnungen entlang den Grachten, die eine Menge Ungeziefer anzögen. Ratten, Mäuse, manchmal sogar kleine Schlangen. Er stellte zwei Artikel neben die Kasse.

»Schauen Sie mal.«

Der Junge zögerte einen Moment und entschied sich dann für die kleine weißblaue Verpackung. Wie ein Milchkarton, dachte er.

Beim Einpacken wies der Drogist seinen Kunden darauf hin, daß Menschen natürlich zum Arzt müßten, wenn sie etwas von dem Zeug schluckten.

»Das macht dann zwei Gulden siebzig.«

Der Junge schrak aus seiner Betäubung auf. Plötzlich klatschte ein nächtlicher Windstoß den Regen an die hintere Küchentür. Er hatte gerade an das schwarze Wasser der Gracht gedacht, an den Marktplatz, wo man gegen Abend den Schmutz in die Ecken kehrte, an die Keller, in denen es von kleinen wühlenden, schnüffelnden Tieren nur so wimmelte. Nie würde er Corrie etwas zuleide tun. Nicht ernsthaft.

Er zündete sich eine Zigarette an, wobei er die Flamme mit der Hand schützte, als stünde er draußen im Wind. Sie war gut zu ihm. Morgens stellte sie ihm Kaffee und einen Teller mit dunklen Brötchen hin – sie war dann schon eine ganze Weile auf. Während er aß, ging sie zwischen Laden und Küche hin und her und redete ein bißchen mit ihm, in ihrer typischen Art eben, ohne wirklich eine Antwort zu verlangen. Es war, als wüßte sie, daß er die morgendliche Stille haßte. Schließlich knallte sie ihm die Putzkiste vor die Nase. »So, Willem«, sagte sie dann, »mach wieder was Schönes draus.«

Der Junge rauchte schnell und wütend. Herrgott noch mal, nein, er würde ihr nie etwas zuleide tun. Ein bißchen piesacken, okay, das konnte sie vertragen. Das konnte diese gutgelaunte Frau durchaus vertragen. Aber dabei mußte es bleiben. Weiter würde er nicht gehen. Bestimmt nicht.

Die kleinen Schikanen hatten eigentlich per Zufall angefangen. Eines Tages hatte der Junge eine schwere Kupferhängelampe aufpoliert. Um besser dranzukommen, hatte er das Ungetüm, das man mit einem Pendel verstellen konnte, ein Stück tiefer gezogen. Nur ein ganz kleines Stück. Kaum zu merken. Aber eine halbe Stunde später war Corrie aus dem Keller hochgekommen, die Arme voller Sachen, den großen blonden Kopf gebeugt, und war fest, aber auch wirklich saufest, gegen das Ding geknallt.

Sie hatte durchdringend aufgeschrien – »Himmelherrgott!« –, dann aber, als sie das betretene Gesicht des Jungen sah, angefangen zu lachen. »Zu dämlich von mir«, sagte sie kurz darauf in der Küche. Sie sah ihn unter der Klinge eines blitzendkalten Küchenmessers her an, das sie an die Beule auf ihrer Stirn drückte.

»Willem, ich muß mal kurz verschnaufen.«

Dann erschien ein konzentrierter Ausdruck in ihren Augen. »Ich glaub, da ist jemand im Laden.«

Er ging nachschauen. Ja, tatsächlich. Da drückte sich eine Person um die weiße Figur herum, Hut auf, Hände in den Taschen der Tweedhose, rauhe Stimme, die sich nach dem Preis erkundigte. Der Junge setzte für den Kunden eine geduldige, mitfühlende Miene auf. Es tue ihm leid, mehr als er sagen könne, aber die Flora sei gerade gestern verkauft worden.

»Einen wunderschönen Nachmittag noch«, sagte er, während er die Ladentür aufhielt.

Es folgte ein friedlicher Abend. Corrie und der Junge sahen im Schlafzimmer über dem Laden fern und tranken Bier. Sie landeten per Zufall in einer urkomischen

Sendung: Muskelprotze aus aller Welt veranstalteten einen Sechskampf. In Strampelanzügen spannten sie alle Kräfte an, um einen Lastwagen zu ziehen, eine furchtbare Plackerei, wirklich unmenschlich, großer Gott, die Muskeln und geschwollenen Adern, die vorquellenden Augen, der Schweiß, da fing einer an ekstatisch zu brüllen ...

»Sieh dir das an! Sieh dir das an!« sagte der Junge in einer Tour. Sein Arm griff zur Seite, sie hatten die Bierflaschen auf den Boden neben dem Bett gestellt. Auf der Suche nach dem Öffner fiel sein Blick auf Corrie.

Die schöne Frau lehnte schlaff, mit gekreuzten Füßen, in den Kissen. Mit nachsichtigem Lächeln starrte sie auf den Bildschirm und trank Bier – genauso stramm wie er –, rauchte Shag – aus ihrem gemeinsamen Päckchen – und war dabei so verlassen und unerschütterlich wie eine Löwin im Käfig. Dann sah er auf die Beule an ihrem Kopf. Eine mysteriöse Freude durchzog ihn. Dunkelblau, mit metallischem Glanz, ragte das Ding zwischen den bleichen Ponyfransen vor. Er nahm ihr Glas, noch immer in dem Wahn, einen seltsamen, phantastischen Triumph errungen zu haben, goß es voll und drückte es ihr in die Hand.

»Hier.«

In dieser Nacht staunte Corrie. Sie hatte nie darüber nachgedacht, was sie an diesem jungen Männerkörper so anzog. Vielleicht die Schwere, die plumpe Festigkeit, vielleicht, warum nicht, das Fehlen auch nur des geringsten Anzeichens von Sinnlichkeit. Er hatte die Angewohnheit, sie, sobald das Licht aus war, zu suchen, mit Armen und Beinen zugleich, um sich unerschrocken in sie hineinzuschieben und ganz kurz danach den rührenden Schluchzer neben ihrem Ohr auszustoßen. Diesmal verhielt er sich anders. Er murmelte etwas, sie verstand: verdammte Brüste, verdammte Beine, er küßte ihre

Brustwarzen und die Linie, die sich über ihren Bauch zog, er ließ sie, sehr intelligent, sehr männlich, ein wenig warten, bis sie selbst sich zu bewegen und zu stöhnen begann.

»Du bist mir einer«, sagte sie schließlich, gähnte und schlief mit einem Herzen voll Zärtlichkeit ein.

Kurz darauf begann eine Serie kleiner Unfälle. Corrie rutschte die Treppe hinunter, weil ihr Absatz plötzlich entzweiging, sie schürfte sich den Arm auf; als sie nach einem Telefongespräch mit dem Bügeln ihrer Unterwäsche fortfuhr, durchstieß das Eisen einen schönen seidenen Body; in dem Moment, als sie ihr Teeglas zum Mund führte, brach der Henkel ab, und die glühendheiße Flüssigkeit ergoß sich in ihre Bluse. Wiederholt rutschte sie aus, stolperte über einen gewellten Teppichrand, schnitt sich, stach sich an einer Nagelschere, die zwischen ihren Taschentüchern herumlag. Schmollend betrachtete sie im Spiegel ihren Mund: Anstatt einer Gewürznelke war ein kleiner Nagel im Rotkohl gewesen ...

Nein, dachte der Junge in der stillen, feuchten Küche, er würde ihr nie etwas zuleide tun. Kurz nachdem das Gescharre und Genage unter dem Fußboden aufgehört hatte und Corrie wieder pfeifend Brot schnitt, hatte er den blauweißen Karton aus dem Kellerregal genommen und einen Augenblick darauf gestarrt. Nachdem er zu einem Entschluß gekommen war, hatte er einen Umschlag aus dem kleinen Sekretär im Laden geholt, diesen, ohne auch nur ein Körnchen danebenzuschütten, zur Hälfte mit dem Vertilgungsmittel gefüllt und ihn zugeklebt und zusammengefaltet in die Innentasche seiner Joppe gesteckt – ihm konnte nichts mehr passieren. Ein paar Minuten später hatte er den fatalen Karton, in Zeitungspapier eingewickelt, in die Mülltonne beim

Albert-Heijn-Supermarkt geworfen. Es war ein strahlender Herbsttag. Die Sonne schien auf eine kleine Rasenfläche mit Klettergerüsten.

Seine Finger wurden kalt. Außerdem wurde er schläfrig. Er unternahm noch einen kurzen Versuch, zu begreifen, warum er hier, in der unsinnigen Nacht, herumtigerte. Dann hängte er seine Joppe über einen Stuhl, pinkelte ins Spülbecken, machte das Licht aus und verließ die Küche.

Auf halber Treppe nach oben befand sich eine kleine Nische mit einem Fenster, das Blick auf den Laden bot. Manchmal hielt Corrie es für angezeigt, einen Kunden kurz allein zu lassen, damit dieser, sich unbeobachtet wähnend, sie zu dem Entschluß bringen konnte, sich gleich darauf keinen einzigen Cent runterhandeln zu lassen.

Der Junge stützte sich mit einer Hand an die Wand. Das Licht, das durch das Fenster auf sein Gesicht fiel, warf weiße Schatten unter die Augen, betonte den offenstehenden Mund und enthüllte ein großes Interesse, das allerdings nicht den Verkaufsgegenständen unten galt. Der Junge sah auf die Gläserreihe, die in der Nische stand. Staubig, nie benutzt, halbvergessen. Und er sah auf den braunen Umschlag, der unter den Gläsern versteckt lag. Zehn Tausender hatte er vor einiger Zeit schon mal durch seine Finger gleiten lassen …

Endlich begannen sie ihn in der Kneipe halbwegs ernst zu nehmen. Angeblich hatte der Junge eine Freundin aufgerissen. Eine Frau, eine scharfe Blondine mit einem eigenen Laden. Am Stammtisch, wo Rombouts, Albronda und van der Pauw sich immer lautstark über die Ausländer, die Hunde und den Regen ausließen, erntete der Junge in letzter Zeit argwöhnische Blicke. Dieser dämliche Bauer, der kaum ’nen Satz richtig rauskriegte, trug in der Tat schöne Hemden, das war ihnen aufgefallen, und neuerdings sogar ein goldenes Sternzeichen an einer Halskette.

An diesem Abend hatte Albronda ihn mit dem Ellbogen in die Rippen gestoßen.

»He du, du bist also 'n Berufsaufreißer? Wieviel gibt sie dir pro Tag? Dürfte 'n nettes Sümmchen sein. Nimm's mir nicht krumm, aber schließlich befindest du dich ja in der Blüte deiner Jugend.«

Alle drei brachen in brüllendes Gelächter aus. Van der Pauw bekam einen Hustenanfall. Der Junge reagierte nicht. Da schlug Rombouts ihm auf die Schulter.

»Los, gib mal 'ne Runde aus. Auf die Liebe.«

Das Bier kam. Der Junge fand, daß seine Kumpel auf einmal ruhiger waren als sonst. Sie belauerten ihn noch immer, und er war sich nicht sicher, ob sie ihn auslachten oder nicht.

Plötzlich überkam ihn eine eisige Ruhe. Er legte die Hände breit auf den Tisch.

»Nächste Woche fang ich mit Fahrstunden an«, sagte er lächelnd.

Albronda kniff die Augen zusammen.

»Gute Idee, gute Idee.« Mit wütendem Ruck schob er seinen Stuhl zurück. »Aber teuer.«

Der Junge machte eine gleichgültige Gebärde.

»Du glaubst wohl«, sagte van der Pauw, »daß sie dir die Knete einfach so gibt.«

Der Junge schwieg. Die drei anderen sahen ihn unruhig an. Da zeigte er die Zähne und sagte: »Die muß sie mir nicht geben. Die find ich schon von allein.«

Das Eis brach. Das gesamte Nördliche Eismeer riß auf, von Grönland bis Nowaja Semlja barst der gefrorene Wasserspiegel. Die drei Freunde setzten sich aufrechter hin, holten tief Luft und stemmten die Ellbogen auf den Tisch. Ein Arm ging in die Höhe: Noch mal Bier, Krokettenklößchen und saure Gurken, bitte!

»Auf den da«, sagten sie zueinander. »Auf dieses gewiefte Bürschchen!«

Der Junge atmete die bekannten Gerüche von Staub, von poliertem, wurmstichigem Holz, von Nacht, von der Frau ein, die drei, vier Stufen höher unter einem blauen Federbett schlief, und er erinnerte sich an den Sommernachmittag, an dem er dieses Haus zum erstenmal betreten hatte. Ihm war ein Glückstreffer versprochen worden!

Vorsichtig zog er den Umschlag unter den Gläsern hervor. Ohne hinzuschauen, nahm er einen der Scheine heraus und schob ihn, gefaltet, in die oberste, kleine Tasche seiner Jeans.

Corrie lag leise schnarchend im Bett, als er neben sie schlüpfte. Ohne ihren Schlaf wirklich zu unterbrechen, erkannte sie ihn und erkannte auch den Wirrwarr der Gefühle, die sie beide verband. Sie wußte, daß er betrunken war und ein bißchen impotent, aber wenn er Lust hatte, durfte er es gern probieren. Sie drehte sich auf die Seite, streckte ihm den Hintern hin, legte einen Arm auf seine Hüfte und träumte weiter, von Tieren, Wärme und einer gewaltigen Fröhlichkeit.

Am nächsten Nachmittag strich der Junge schon gegen drei in der Nähe der Kneipe herum. Durch das Fenster hatte er Rombouts und van der Pauw bereits dasitzen sehen, zu seinem Ärger in Gesellschaft eines ihm unbekannten Weibsbilds. Als sich nach einer Viertelstunde auch Albronda zu ihnen gesellt hatte, stieß der Junge die Tür auf.

Als erstes gab er für alle eine Runde Kognak aus. Dann schlug er seine Joppe auf, strich schnell mit den Fingern über das Papiergeld in der Innentasche und zog einen Traum von einem Minicomputer hervor, der alles konnte, vorläufig aber nicht mehr von sich gab als eine dünne metallische Melodie. Sie waren beeindruckt. Sogar Albronda hielt seine große Klappe. Nur die Frau, verlebt, in sich zusammengesunken, hatte noch keinen Moment von ihren Händen im Schoß aufgeschaut. Sie mochte etwa fünfzig sein und hatte pechschwarz gefärbtes Haar.

»Ich glaub, ich fahr mal für 'n Wochenende nach Paris«, sagte der Junge, nachdem sie eine Weile schweigend getrunken hatten.

»Hast du keine Angst, daß sie's merkt, ich mein, das mit dem Geld«, begann Rombouts rumzunörgeln.

Der Junge winkte mit erboster Miene dem Mann an der Theke.

»Die merkt nix.«

Sein Blick fiel auf die Spielautomaten an der Wand. Sie funkelten sacht in der Februardämmerung.

An der Theke konnte man Geld wechseln.

»Wer ist das Weib?« fragte er, als sie zu viert vor den Automaten standen und Gulden in die Schlitze steckten.

»Die Schwester von Rombouts«, sagte Albronda. »Geh noch mal wechseln.«

Gegen fünf waren sie, bis auf die Frau, sturzbetrunken. Breit am Stammtisch hingelümmelt, entfaltete der Junge seine Zukunftspläne. Also: Erst mal ein Wochenende nach Paris, ja, klar, alle zusammen. Als nächstes der Führerschein und ein Auto, und dann könnten sie gut noch mal für ein paar Tage ...

Das Gesicht der Frau gefiel ihm nicht. Sie schaute in der Kneipe umher, als sei sie es, die die Leute hier freihielt, und als ihr Blick, ganz kurz, den seinen traf, zog das Weibsstück einen Nasenflügel, eine Augenbraue und einen Mundwinkel hoch: ihn offen verspottend.

Jetzt begann van der Pauw mit dicker Zunge die Stimmung zu vermiesen. »Mensch, sei doch mal realistisch. Dafür hast du doch nicht im entferntesten die Knete.«

Der Junge wurde blaß.

»Hab ich wohl.«

Und als er das sagte, dachte er nicht mal an das restliche Schwarzgeld, das Corrie unter ihren Gläsern verwahrte. Er dachte an den gefalteten Umschlag in seiner Innentasche.

»Hab ich wohl«, wiederholte er leise. »Das hier war erst 'ne kleine Kostprobe.«

Daraufhin steckten sie die Köpfe zusammen. Sie senkten die Stimmen. Der Junge erzählte von den Geldmengen, die sich in dem Haus befanden. Rombouts gab sich besorgt. Das merkt sie doch irgendwann, Mensch, und dann bist du geliefert. Der Junge lachte leise, die merkt nix, Rombouts, überhaupt nix, soll ich dir sagen, warum?

Es wurde still. Neugier brach durch den Nebel.

»Soll ich dir sagen, warum, Rombouts? Weil ich ihr heute morgen 'ne ordentliche Portion Rattengift in ihren Fraß getan hab.«

Nahmen sie ihn nicht ernst? Rombouts wandte das Gesicht ab. Van der Pauw lachte spöttisch auf, die Frau tippte sich mit dem Finger an die Stirn, und Albronda sagte: »Gift. Das ist dämlich, mein Junge. So was macht man viel besser mit Schlafpillen.«

Er beschloß, mit der Straßenbahn zurückzufahren. Geduckt im Wartehäuschen sitzend, leer, verstört durch diesen Nachmittag, verstört durch sein Leben, sah er nichts von dem wirklich wunderschönen tiefroten Abendhimmel über den Häusern der Oosterparkstraat. Die Straßenbahn kam, und er suchte sich aus Gewohnheit einen Platz ganz vorn, so daß er im Auge behalten konnte, ob an einer der nächsten Haltestellen möglicherweise ein paar Kontrolleure herumstanden.

Mißmutig, aber höchst geräuschvoll zog er die Nase hoch. Diese dämliche Schwester vom Rombouts hatte ihm also nicht glauben wollen. Die war schließlich zwar so gnädig gewesen, ein paar Gläser von ihm anzunehmen, die hatte mit ihrer mageren Hand zwar ein paar Käsewürfel von der Schale gepickt, ansonsten aber hatte sie geschwiegen wie diese Leute, die immer alles soviel besser wissen.

Bis sie, ganz zum Schluß, plötzlich Lust bekommen hatte, ihn zu erniedrigen.

»Wenn du mich fragst, dann schwafelst du uns nur was vor von deiner Freundin.«

Überrumpelt hatte er gestammelt: »Ich ... ich schwafel überhaupt nicht.«

Sie grinste nachsichtig, fast liebevoll.

»Und die Frau hat auch gar kein Geschäft, gar keinen schicken Nippesladen.«

Alle Frauen sind verrückt, schoß es ihm durch den Kopf, und er sagte: »Ach nee. Dann geh doch mal in die Bloemstraat und sieh doch mal selber nach. Benutz deine eigenen Augen: *Corries Antiquitäten* heißt der Laden, falls du lesen kannst.«

Blind war er aufgestanden, hatte an der Bar eine Wahnsinnsrechnung bezahlt und, ohne sich noch einmal umzusehen, die Kneipe verlassen. Wie öfter bei ihm schlug seine Stimmung um, als er an der Rozengracht aus der Straßenbahn stieg. Benebelt, aber nicht mehr betrunken, auch nicht mehr schlechtgelaunt, überquerte er die Fahrbahn und ließ das Verkehrsgewühl hinter sich. Da war ihm, als würde er von etwas Freundlichem, Gütigem berührt – er würde Corrie gleich, wenn er sie sah, einen Kuß auf die Wange geben. In den schmalen Straßen hatte sich ein leichter Nebel ausgebreitet, und der Schein von den Schaufenstern gab ihm das Gefühl, sich in einem Guckkasten zu bewegen, ausgeschnittene kleine Figuren, reglos festgeklebt, er war es immer gewöhnt gewesen, den Deckel mit Watte zuzukleben, und hinter den kleinen Fenstern an den Seiten schimmerte ein feuriges, durchsichtiges Rot, er beschleunigte seine Schritte, wer sich unterstünde, Corrie auch nur mit einem Finger anzufassen ... Da war der Laden. Er würde ihr jetzt doch endlich mal sagen ...

Sie stand groß herausgeputzt zwischen ihren Besitztümern. Kleid mit engem Rock, Ketten um den Hals, Beine, die voller Lebensfreude in Fesseln, Füßen, Pumps endeten. Der Ausdruck auf ihrem Gesicht machte ihn unschlüssig. Der Junge räusperte sich.

Sie sagte: »Willem, laß deine Jacke an. Wir gehen essen. Ein Glückstreffer, rat mal, was!«

Er sah auf ihren triumphierenden Mund.

»Ich hab die Alabasterfigur für ein hübsches Sümmchen verkauft!«

Im Restaurant war es proppenvoll. Weil sich der Laden seit kurzem einer unerklärlichen Beliebtheit erfreute, hatte man die Tische einfach einen Meter näher zusammengestellt.

Corrie und der Junge traten ein. Sie sahen sich kurz um – Geschrei von Gästen, Gerenne von Kellnerinnen, schwerer Essensgeruch – und bahnten sich dann einen Weg bis zur Mitte des Saals, wo neben einer überladenen Garderobe noch ein Tisch frei war.

Sie beugte sich vor. »Was wollen wir trinken?«

»Nichts.«

Sie lachte, nahm die Karte und hielt sie schräg zwischen sie beide. Weil sie seine Zerstreutheit bemerkte, gab sie ihm Ratschläge. »Nimm Aal auf Toast. Nimm ein Tournedos.«

Anstatt zu antworten, lauschte der Junge einer Art Musik, die irgendwo im Raum schwebte. Er kam nicht darauf, was es war, sie drang nicht wirklich durch den übrigen Lärm, ließ ihn aber an die Kirmes denken, auf der er einmal zusammen mit drei völlig fremden, feindseligen, besessen kauenden Kindern in einer kleinen Kutsche im Kreis herumgefahren war.

»Ich will nur einen Kartoffelsalat«, sagte er.

Corrie öffnete den Mund, um etwas zu sagen, überlegte es sich jedoch anders. Als die Kellnerin kam, runzelte sie die Stirn und bestellte.

Der Junge sah auf die schönen weißen Hände, mit denen das Mädchen die Bestellungen auf ihrem Block notierte. Die glänzenden Fingernägel. Die kurze weiße Schürze. Den engen schwarzen Rock.

»Mein Gott, hat die ein dämliches Gesicht«, sagte Corrie, als sich die Kellnerin entfernte.

Überraschend schnell wurden sie bedient. Mit einem Lächeln auf dem roten gleichgültigen Gesicht stellte das Mädchen Wein, Brot, einen Hummercocktail und einen riesigen Kartoffelsalat vor ihnen auf den Tisch. Corrie schenkte den Wein ein. Sie suchte den Blick des Jungen. Langsam sagte er: »Sie hat überhaupt kein dämliches Gesicht.« Und dann, während er die Gabel in die Faust nahm: »Nette frische Lippen, nicht angemalt. Wenn die irgendwo eine Gyrosbude aufmachen würde, dann würde ich da jeden Tag essen gehen.«

Das Essen verlief schweigend. Corrie benutzte viel Salz und Pfeffer, gähnte, spielte an ihren Ringen und ließ ihre Serviette fallen, um sie wieder aufheben zu können. Der Junge arbeitete sich mit niedergeschlagenen Augen durch seinen Kartoffelsalat.

»Laß uns gehen«, war alles, was Corrie an diesem Abend noch herausbrachte.

Im Bett verspürte er Reue. Ein undeutliches Gefühl des Bedauerns – worüber, wußte er nicht – hatte ihn beschlichen. Sie war so still, daß es schien, als atmete sie nicht mehr. »Corrie«, versuchte er flüsternd. Seinem Gefühl nach war sie noch nie so still gewesen – er horchte –, und auch draußen, auf der Straße, war es so totenstill, daß man hätte meinen können, jemand habe eine Schicht schweren Sand über die Stadt gekippt.

Sie schlug seine Hand weg.

Gegen elf ging das Telefon. Schlecht gelaunt nahm sie ab.

»Corries Antiquitäten.«

Eine unbekannte Stimme meldete sich. Eine Frau. Nannte keinen Namen. Ob sie einen Jungen mit Glubschaugen und weißlichem Babyhaar kenne. Ob der im Moment da sei. Nicht. Schön, dann solle sie mal gut zuhören: Werfen Sie alles Essen aus dem Kühlschrank weg, Reste, alles, schmeißen Sie's in die Mülltonne, der Junge hat nämlich Gift reingetan.

Corries Blicke schweiften durch den Laden. Ein verrückter Traum, dachte sie. Eine Irre, ich sollte lieber auflegen.

»Dürfte ich vielleicht wissen, mit wem ich spreche?«

Durfte sie nicht. Was sie wissen durfte, war, daß ihre Kasse nicht mehr stimmte, zählen Sie's mal nach, ich meine Ihr Schwarzgeld. Wieviel haben Sie da? Zehn-, zwanzigtausend Gulden? Der Junge ...

Corrie unterbrach die Verbindung.

Als sie in der Küche stand und Kaffee kochte, merkte sie, daß ihre Hände zitterten. Als sie den Kühlschrank öffnete, um die Milch herauszunehmen, fiel ihr Blick auf die Emailtöpfe ... Als sie langsam die Treppe hinaufging, kam sie sich schäbig vor, sie wußte, daß sie sich selbst erniedrigte und daß sie dabei war, sich jegliches Recht auf Glück zu verscherzen.

Der Umschlag lag auf seinem gewohnten Platz unter den Gläsern.

Ein paar Sekunden später war alles anders. Corrie steckte die Banknoten, die sie dreimal hatte nachzählen müssen, bis der Betrag, bis die Wahrheit zu ihr durchgedrungen war, in ihre Jackentasche. Es war nicht wichtig. Zerstreut suchte sie nach ihren Zigaretten, sie sog den Rauch tief ein und ging hinunter, und mit jeder Stufe spürte sie, wie sie leichter wurde, etwas fiel auf seinen Platz, etwas, das willkürlich und unsinnig gewesen war, wurde auf unmißverständliche Weise klar. Sie zog sich den Mantel vor dem Spiegel an, drückte beide Hände an ihr Gesicht und sah auf ihr gefaßtes Lächeln.

Sie erstattete Anzeige auf der Polizeiwache IJtunnel. Dem diensttuenden Beamten gab sie das Folgende zu Protokoll: Ich betreibe ein Antiquitätengeschäft in der Bloemstraat, seit einem halben Jahr verkehre ich mit einem jungen Mann aus Groningen, zwanzig Jahre alt – sie nannte Vor- und Familiennamen –, der mich nicht nur um tausend Gulden bestohlen hat, sondern auch, wie ich heute vormittag telefonisch von einer Frau erfuhr, die ihren Namen nicht nennen wollte, das Essen in meinem Kühlschrank vergiftet hat, in der Absicht, mich aus dem Weg zu räumen.

Der Polizeibeamte nahm sie vollkommen ernst. Er sagte, der Junge werde sofort festgenommen, notierte sich die Adresse und fragte, ob die betreffende Person sich dort im Moment aufhalte.

»Das weiß ich nicht«, sagte Corrie.

Der Mann deutete auf eine Ecke seines Schreibtisches.

»Dann sollten Sie mal eben anrufen.«

Nachdem er sogar noch gefragt hatte, ob er ihr vielleicht Zigaretten mitbringen solle, war er aus dem Haus gegangen. Mit vorgestrecktem Kopf stiefelte er los, es war Samstagvormittag, viel los auf der Straße, das einkaufende Publikum schien zu begreifen, daß mit ihm nicht gesprochen werden sollte, daß auf die Stille der Nacht die schreckliche Morgenstille gefolgt war und daß diese Maßnahme fürs erste weiter in Kraft zu bleiben hatte: Man wich ihm aus, man verschloß Münder, Augen und Gesichter, wenn er näher kam. Ich kann die Morgenstille nicht ertragen, ich kann einen Menschen nicht ertragen, der schweigend abwäscht und Briefe öffnet, ich flehe dich an: Sag irgendwas. Wortlos hatte sie ihm den Kaffee und die Brötchen hingestellt.

»Soll ich dir auch Zigaretten mitbringen?«

Stille.

Als der Junge die Rozengracht überquerte, waren seine Fäuste geballt. Er kam drüben an, das schon, hatte es sich aber bereits anders überlegt, er würde zurückgehen, er würde sich waghalsig durch den Verkehr kämpfen, hastig in die schmalen Straßen einbiegen und fast rennend zum Antiquitätengeschäft gelangen. Ihm war eingefallen, daß er einen gefalteten Umschlag bei sich trug.

Kaum überrascht stellte er fest, daß die Ladentür zugeschlossen war. Corrie war nicht da. Schon hatte er seinen Schlüssel in der Hand.

Wieder flößten die Töpfe ihm Abscheu ein. Sie standen kippelig auf der Spüle, grau, verbeult, riechend, er nahm die Deckel ab und stand Auge in Auge mit der zermanschten Endivie, den zermanschten Kartoffeln, den fettstarrenden Grieben. Ihm kroch die Wut am Rückgrat hoch, füllte seinen Kopf und die Hände und machte ihn ruhiger als eine Winternacht.

Ganz vorsichtig öffnete er den Umschlag. Da waren die Körnchen, so freundlich, so beruhigend, er schüttelte sie ein bißchen, damit sie etwas lockerer lagen, damit sie etwas leichter rollen würden ... so, jetzt aber, murmelte er und streckte den Arm aus ...

Das Telefon läutete.

Das Telefon unterbrach das Verbrechen des Jungen. Er erstarrte für einen Moment, nicht lange, schon beim zweiten Klingeln war er auf dem Weg zur Tür, wobei er den Umschlag gedankenlos in seine Innentasche zurücksteckte. Der Apparat stand auf einem Damensekretär aus Nußbaum, der nicht zum Verkauf stand.

»Corries Antiquitäten.«

Es war Corrie. Seine Brust schwoll. Es war Corrie, die sich Sorgen machte, die das deutlich zeigte, als sie fragte, ob er es sei, Willem. Ihre Stimme zitterte ein wenig, sie fragte, ob er vorläufig noch zu Hause sei.

Er atmete zittrig aus. Es tat ihr leid. Es tat ihr leid, und sie kam zu ihm, mit frischem Brot, mit Matjeshering, sie hatte die Zeitung gekauft und würde ihm ganz nebenbei sagen, wie sie die Sache sah ...

»Ja, Corrie«, sagte er warm. »Ich bin zu Hause!«

Beim Ausschauhalten am Schaufenster überkam ihn ein merkwürdiges Zittern. Als ein Streifenwagen in die Straße bog und halb auf dem Gehweg parkte, genau vor dem Geschäft, war sein Gesicht naß und rot. Zwei Polizisten stiegen aus, und schon ging der Junge an die Tür, er wunderte sich überhaupt nicht, daß sie mit verstehenden Mienen eintraten und von Diebstahl, Vergiften und Tod sprachen.

»Ja«, heulte der Junge. »Ja. Hört schon auf.«

Er streckte die Handgelenke und schlaffen Hände vor.

Das andere Geschlecht

Wir wunderten uns nicht, als wir, einmal im Bett, hörten, daß das Klopfen und Hämmern erneut begann. Sie hatten die drei Männer wieder kommen lassen. Die Juniabende waren lang, sie hatten die drei Männer überredet, sich das Dach der Kapelle noch einmal vorzunehmen, die Folie zu entfernen, die Latten auszutauschen und die aufgestapelten Dachziegel wieder in Reihen zurückzulegen, sie hatten schon wochenlang die Prozession vom kommenden Sonntag im Kopf.

Wir hörten, daß dieselbe Stimme wie am Nachmittag wieder zu singen begann, und wieder mußten wir an eine weitgeöffnete, unangebrochene, ganz volle Schachtel mit Negerküssen denken. Unsere Beine fuhren unruhig unter dem Bettzeug hin und her.

»Rück mal ein Stück. Ich will auch.«

Da standen wir schon lange an den Fenstern. Wir mußten uns ordentlich recken, um unter dem Gardinensaum hindurch sehen zu können, wie der singende Mann sich vor dem Abendhimmel aufrichtete, um seinen Kumpel vorbeizulassen, während der dritte achtlos, halb ausgestreckt dalag und irgendein graues Zeugs unter die Dachziegel schmierte.

Fasziniert beschlossen wir zum x-tenmal, die Vorschriften zu ignorieren. Wir waren jung, acht, neun Jahre alt, die eine oder andere war schon zehn, und keine von uns hatte diesem Leben zwischen nach Seifenlauge riechenden Mauern zugestimmt, wo wir Frauen mit ekstatischen blauen Augen unterworfen waren, die ihr Dorf verlassen hatten, um uns zu erziehen. Wir kletterten auf die Fensterbänke, schoben die Gardinen beiseite und öffneten die untersten Fenster.

Die Hitze des Innenhofs drang zu uns hoch, während wir in der Weise zu gucken und nachzudenken begannen, wie wir es so oft taten. Wir legten die Finger an die Lippen. Wir stützten die Wange auf die Faust. Während wir uns sowenig wie möglich rührten, seufzten wir leise, um danach wieder ganz lange den Atem anzuhalten. Wir schauten auf die drei ruhig arbeitenden Männer – einer von ihnen stand jetzt auf der Leiter, er bückte sich und zeigte uns seine nackten Hüften –, wie wir eben gewöhnt waren, nach dem Mannsvolk in unserem Leben zu schauen.

... Der Geistliche vor der mucksmäuschenstillen Mädchenklasse. Die Geschichten und Gleichnisse, mit denen uns eingeschärft wird, daß wir wieder zu Staub werden. Unsere Blicke wandern schläfrig die Reihe der kleinen Knöpfe hinunter. Er ist lang und mager. Todernst. Todernst vergibt er uns alle drei Wochen unsere Sünden, saftige Sünden in Anbetracht unseres Alters, die wir uns in gemeinsamen Beratungen ausdenken, um ihn zu erfreuen und Diesseits und Jenseits glücklich zu machen ...

»Paß auf!« murmelte eine von uns, und gleich darauf wackelte die Leiter.

Aber der Mann blieb Herr der Lage. Mit ein paar wüsten Rucken seines Körpers zwang er die Füße der Leiter wieder auf den Boden zurück, und verdutzt sahen wir, wie er, aus lauter Jux und Tollerei, mit dem Ungetüm noch ein ganzes Stück weit den Dachrand entlangmanövrierte.

Erst da fingen wir die Geräusche von der anderen Seite der Wand auf. Geraschel, Gescharre, leises Gekicher und, ja tatsächlich: ein unaussprechlich zarter Duft, ein Duft, der uns Tränen in die Augen hätte treiben können, wehte zu den Fenstern herein.

»Schlafsaal C raucht.«

Wir konnten uns vorbeugen, so weit wir wollten, es war unmöglich, zu erkennen, was sie trieben, die Kastanie zwischen den Räumen machte uns unsichtbar füreinander. Die Männer begannen jedoch über die Schulter zu schauen, ihre Handbewegungen bekamen etwas Träges, etwas Gewalttätiges, und der Sänger schwieg mit offenem Mund. Da dachten wir an diejenige, die sich immer von uns absonderte, sie war schon zehn, sehr dick und weiß, ihre Kleider spannten unter den Achseln.

Wir riefen sie.

»Los, komm hier ans Fenster und zieh dein Hemd aus.«

»Nein«, antwortete sie ungerührt. »Ich lese gerade *Huckleberry Finn*.«

Der Abend verstrich. Über der Kapelle, über dem Speisesaal und über den Ziegenställen begann sich der Himmel zu verdunkeln. Die feste Form der Dächer verlor sich. Drei Tauben fielen in die Kastanie ein, wir hörten, wie die Viecher sich mit viel Lärm häuslich einrichteten und sich danach mucksmäuschenstill verhielten.

Nach einiger Zeit reckten und streckten sich zwei der Männer in der Dachrinne. Sie stemmten die Hände in den Rücken und gähnten mit kleinen Mündern, wie Otter.

»Wir hauen ab.«

Wir sahen sie auf ihren Fahrrädern verschwinden, in Richtung Tor, in Richtung Felder, bald würden sie auf dem lehmigen Weg ins Dorf fahren, wo man bei laufendem Radio gerade Brot und Kuchen backte. Vor dem leeren Himmel arbeitete der Zurückgebliebene, der Sänger, still weiter.

Da beschlich uns ein entsetzliches Mitleid, denn auf einmal konnten wir das ganze Ausmaß seiner Einsamkeit erkennen. Beim Licht der ersten Sterne, während er rittlings auf dem Dachfirst saß und sich große Mühe gab, die Fenster von Schlafsaal C zu ignorieren, sahen wir sein leeres Haus vor uns, sein düsteres, ärmliches Bett und den schwarzen Ameisenstrom, der die Vorräte in seiner Küche verschlang.

»Schrecklich!« flüsterte eine von uns. Wir schauderten alle.

Doch was dann geschah, war eine völlige Überraschung.

Wir hatten einen Augenblick lang nicht aufgepaßt, einen Augenblick lang waren unsere Gedanken abgeschweift, und plötzlich sahen wir ihn mit ausgebreiteten Armen über die Dachziegel nach unten rutschen. Wir trauten unseren Augen nicht. Er unternahm keinerlei Versuch, seinen Sturz aufzuhalten, sondern ließ seinen Körper mit ordentlicher Geschwindigkeit über die Rinne hinweg zu Boden plumpsen, wo er rücklings, mit dem Gesicht zur Kirchenmauer, auf den Betonplatten liegenblieb.

Schlafsaal C reagierte schneller als wir. Wir sahen sie schon barfuß über den Innenhof rennen, als wir erst anfingen, uns über die Fensterbänke zu mühen.

»Los!« sagten die anderen, als wir den Mann mit den geschlossenen Augen und den merkwürdig angewinkelten Beinen erreichten. »Beeilung!« Wir folgten ihrem Blick zur Fassade des Hauptgebäudes und nickten.

Einer der Ziegenställe war sehr geeignet. Wir legten ihn mit geraden Beinen aufs Stroh und sorgten dafür, daß das Mondlicht ihm auf Gesicht und Brust fiel. Sein Atem ging mühsam. Wir knöpften ihm das Hemd auf, strichen ihm die Haare aus den Augen und bliesen sanft in seinen Mund. Im Kreis um ihn herum sitzend, sorgten wir dafür, jede Sekunde, jeden Seufzer der Nacht verstreichen zu fühlen, denn wir wußten, daß wir der Leidenschaft unseres Lebens begegnet waren.

»Es ist ein Traum«, sagte eine von uns nach langer Zeit.

»Es ist eine Geschichte«, sagte diejenige, die neben ihr saß, einen Finger zwischen den Seiten ihres Buches.

»Das andere Geschlecht«, seufzte eine Stimme im Dunkeln.

Plötzlich schlug er die Augen auf. Wir beugten uns vor und sahen, daß eine abgrundtiefe Bestürzung einem Gefühl der Freude wich, einer riesengroßen Lust, zu lachen und dummes Zeug zu erzählen. Es dauerte nur einen Augenblick, dann begann sich so etwas wie ein Häutchen, ein Häutchen, wie man es auch bei einem Vogelauge sieht, über das Weiß und das Grau und das tiefe Schwarz zu schieben, und im selben Moment kam eine von uns auf die Idee, ihr Buch aufzuschlagen und mit kühler, klarer Stimme vorzulesen: *»Die Sonne stand schon hoch, als ich aufwachte, und ich schätzte, es mußte nach acht sein. Ich lag da im Gras, im kühlen Schatten, dachte über allerlei nach und fühlte mich ausgeruht und ziemlich behaglich und zufrieden. Durch ein paar Lücken konnte ich die Sonne sehn, aber sonst war überall dichter Wald, und es war düster unter den Bäumen. Es gab gefleckte Stellen am Boden, wo das Licht sich durch die Blätter stahl, und diese Flecken schwankten ein bißchen hin und her und verrieten, daß oben in den Bäumen ein Lüftchen ging. Ein paar Eichhörnchen saßen auf einem Zweig und schwatzten sehr freundlich auf mich ein …«*

Matthäus-Passion

Die Chorsängerin betrat das Schiff der Basilika. Ein Lichtermeer überflutete sie. Der Schein von Leuchtern und Kerzen kreuzte sich mit dem Sonnenlicht, das sich durch acht grellbunte Spitzbogenfenster fast horizontal in den Raum bohrte. Während sie durch den Seitengang nach vorn ging, sah sie, daß hie und da bereits Zuhörer Platz genommen hatten.

Sie war eine kleine, kräftige Frau mit gerader Haltung. Das schwarze Kleid aus glänzender Baumwolle, wie sie auch für die Schleier arabischer Frauen verwendet wird, hatte sie sich eigens für diese Tournee zugelegt. Ein spontaner Kauf in einem Orientladen. Es hatte sie einen Nachmittag gekostet, das alberne Plissee aus dem Rock zu bügeln.

Der Altarraum war zum Konzertpodium umgestaltet. Hie und da saß bereits ein Musiker, Ohr an der Geige, sacht den Bogen führend. Vor der gewölbten Stirnwand der Kirche waren für die Chöre steil aufsteigende Tribünen errichtet worden. Sie sang im zweiten Chor. Sie klemmte sich die Notenmappe unter den Arm, lüpfte den Rock und stieg hinauf. Ihr Platz war ganz oben. Sie setzte sich und begann in ihrer Umhängetasche nach Halstabletten zu suchen.

Es war fast acht. In einer Viertelstunde fing das Konzert an. Sie war früh dran. Leise lutschend schaute sie in das gewaltige Mittelschiff, in welches das italienische Publikum jetzt in Scharen strömte – von den Geräuschen und vom Erscheinungsbild her ganz anders als das Amsterdamer. Angst und Verlangen erfüllten sie. War alles in Ordnung? Aber ja doch. Es konnte nichts schiefgehen. Ihre Unterwäsche saß gut. Das Kleid war ein Erfolg. Die Jettkette, die ihr Sohn ihr zu Weihnachten geschenkt hatte, lag wie eine zarte schwarze Schnur in ihrer Halsgrube.

Die Vorbereitungen der letzten Stunde waren so verlaufen, wie sie verlaufen mußten. Es war doch alles in Ordnung? In vollem schwarzem Ornat hatten sie und die anderen Chorsänger das Hotel verlassen. Sie hatten den sonnigen Platz dieser italienischen Stadt überquert. Modena: Das Hotelpersonal bewegt sich mit der ätherischen Grazie von Zauberkünstlern, es gibt einen Palazzo, einen Springbrunnen, die Bougainvilleen an den Fassaden blühen noch nicht. Die Kinder in den offenen Türen betrachteten sie ernst, als sie vorbeigingen, doch die Frauen lachten ihnen zu, machten eine devote Gebärde mit gefalteten Händen oder schnalzten leise mit der Zunge. In einem Nebenraum der Basilika hatten die Sänger die Worte »Wummm ... woommm ... wuummm ... wiemmm ...« erschallen lassen, mit denen sie die feuchten Badezimmer, die leeren Klassenräume, die unterirdischen Bunker in ihren Kehlen und Köpfen öffnen sollten. Zwei oder drei Männer hatten kurz zu ihr herübergestarrt, denn genau an der Stelle, an der sie stand, fiel die Sonne herein und verlieh ihrem kurzen blonden Haar die Glut weißen Feuers.

Um sie herum füllten sich die Plätze. Elena – eine stämmige Reitstallbesitzerin russischer Herkunft, ein wundervoller Sopran – schob sich vor ihr vorbei, nahm am Ende der Tribüne Platz und zog ein Döschen hervor.

»Möchtest du ein paar?« fragte sie.

Sie dankte freundlich: »Nein, nein. Die sind mir viel zu scharf.«

Zur Sicherheit schob sie jedoch ein paar ihrer eigenen Tabletten in den Umschlag ihrer Mappe. Reizhusten während der Arien. Die geheime Angst jedes Chorsängers. Sie hatte heute ein paarmal Schmerzen beim Schlucken gehabt.

»Wenn's nach mir geht, singen wir heute abend noch besser als gestern«, sagte Elena.

Matthäus-Passion grandioso e vivo come un fresco da Michelangelo! lautete die Schlagzeile in der Zeitung, um die sich die Sänger heute morgen beim Frühstück geschart hatten. Die sehr lobende Besprechung war von einem der Chormitglieder übersetzt worden. Die Matthäus-Passion war dem großen Publikum in Italien so gut wie unbekannt. Man war sprachlos gewesen. Nie hätte man ein solches Spektakel erwartet. Und als absoluter Höhepunkt galten die beiden kristallklaren, mal keifenden, mal tröstenden, mal miteinander diskutierenden Chöre.

Applaus wogte durch die Kirche. Der Dirigent und die acht Solisten zogen ein. Für einen Moment herrschte ein Vakuum der Stille. Der Chor erhob sich.

Es fehlte nur wenig, und sie hätte absagen müssen. Und das bei ihrer ersten Tournee. Der Mentor der Schule hatte sie angerufen. Es handelt sich um Ihren Sohn. Das Telefon steht auf einem kleinen Tisch im Flur. Darüber hat jemand irgendwann einmal einen Spiegel gehängt. Unklug. Die Nachrichten aus dem glatten Hörer sind schon gespenstisch genug. Ja, diesmal war es sehr ernst. Der Mann redete lange um den heißen Brei herum. Ein erbärmlicher Erzähler. Als ob sie nicht bereit und imstande wäre, sich alles anzuhören. Alles. Ehrlich gesagt konnte sie nicht einsehen, daß das, was er ihr da mitteilte über das Durchstöbern der Mäntel in der Garderobe, das heimliche Geldeinsammeln bei den Mitschülern – und auch noch so dumm, Mevrouw, die

Schule ist leicht gebaut, überall Glas, Fenster, vom Zimmer der Konrektoren aus hat man den rechten Teil der Aula im Blick – beschämender war als das, was sie selbst über das Getrieze beispielsweise an einem ganz beliebigen Dienstagnachmittag wußte. Vor x Jahren natürlich. In der Oberstufe gelten wieder andere Methoden, als die verachtete, gehaßte Person gegen ein Gitter zu drücken; diese Kinder sammeln ihre Spucke wie alte, kranke Männer, es ist unglaublich. Ist was? Komm doch! Warum sie ausgerechnet in dem Moment mit einem Lebensziel hatte vorbeiradeln müssen, das eigentlich auf ein paar dunkelrote Lackstiefel, spottbillig, ausgerichtet war, ist wieder eines jener Rätsel. Seine Augen warnten sie sehr schnell: Fahr weiter, fahr weiter, bescheuertes Weib, mit deinem bescheuerten Haar und deinem bescheuerten Mantel und deinem bescheuerten Fahrrad. Such dir 'nen anderen zum Bemitleiden aus. Den Rücken an den Tischrand gedrückt, begann sie zu argumentieren. Sie schreckte vor nichts zurück. Diese Schulen kämpften schließlich um ihre Schülerzahlen. Er durfte bleiben.

Währenddessen hielt sie den Atem an.

Dieser Evangelist ist der einzige, der die Geschichte spannend erzählen kann. Dreißig Silberlinge. Es ist wirklich passiert. Alles ist wirklich passiert. Es gibt nichts, was man sich hätte ausdenken müssen. Jede Kombination von Worten, die man irgendwann hört, ist wahr. Aber die hohen Töne beginnen diesem Solisten langsam schwerzufallen. Wenn er seinen Kehlkopf so preßt und spannt, dann pressen und spannen sich meine Muskeln mit.

Sie legte die Hand an ihre Kehle. Die Kette hatte die Wärme ihres Körpers angenommen. Jettsteine sind kostbar. Er konnte diese Kette unmöglich von seinem eigenen Geld bezahlt haben!

Von einem Gefühl des Unbehagens überfallen, suchte

sie Halt für ihren Rücken, aber die Tribünen hatten keine Lehnen. Darum ließ sie sich an Elenas weichen Arm sinken, der herzlich einen leichten Gegendruck gab.

Die Arien und Rezitative wechselten sich ab. Wie am Vortag war das Publikum überwältigt. Trotzdem sang der erste Sopran plötzlich mit sehr viel Vibrato. Höchst riskant bei der Akustik in einer Kirche. Und einer der Bässe schien erkältet. Aber der Chor schmetterte den Choral in E-Dur exakt in den Raum. Geradlinig wie ein Tulpenfeld.

Diese Menschen standen mit beiden Beinen auf der Erde. Sowohl der österreichische Dirigent, Spezialist auf dem Gebiet der Musik des achtzehnten Jahrhunderts, als auch das Amsterdamer Orchester waren begeistert von diesem Laienchor. Jedes Jahr fand diese Tournee statt. Dann wurden die Plätze im Flugzeug neben den gewohnheitsgemäß so weit wie möglich voneinander entfernt sitzenden Musikern von Männern und Frauen eingenommen, die ihnen mit selbstverständlichem Anstand Gesellschaft leisteten. Nach anfänglichem Unbehagen und einer gewissen Verwunderung wurden Streicher und Bläser in eine ihnen bislang unvorstellbare Welt einbezogen. Womit sich diese Leute alles beschäftigten! Sie trimmten Hunde, leisteten Geburtshilfe, putzten Fenster, bauten Häuser, Boote, ferngesteuerte Modellflugzeuge, verkauften Eis, Diamanten, eine spezielle Art von Berlinern; ein Archäologe befand sich unter ihnen, der in der bodenlosen Vergangenheit von Amsterdam grub, und ein büffelartiger Nachtportier mit hellblauen Augen, der über die Gegenwart der Stadt wachte. Fast alle Frauen hatten Kinder. War es ein Wunder, daß aus einer derartigen Ansammlung von Individuen, die auf die richtige Weise zusammengeführt und angespornt wurden, ein solch atemberaubender Gleichklang entstehen konnte?

Sie fand diesen Tenor rührend. Noch jung. Seine schwarzen Haare ringelten sich feucht. Und er hatte seine Sache gestern doch gut gemacht, obwohl er nur eingesprungen war, obwohl er eigentlich von der Oper kam. Aber die verzweifelten Worte seines Textes durften natürlich keine wirkliche, zeit- und ortsgebundene Angst verraten. Nun ja, er war nicht der einzige Solist, der heute abend Probleme hatte. Während sie mit dem zweiten Chor auf die Schreie des armen Jungen beschwichtigend antwortete – dieses Stück war ein Responsorium –, glitt ihr Blick über das Orchester. In der zweiten Reihe saß Hans oder Frans, sie hatte den Namen nicht richtig behalten. Er bewegte sich heftiger als die anderen Geiger. Mit ihm hatte sie die Nacht verbracht.

Sie hatten im Foyer des Hotels im Kreis beisammengesessen und sich unterhalten. Sie hatte Wodka getrunken. Es war ein lebhaftes, schnelles Gespräch gewesen. Jeder durfte der Reihe nach etwas sagen, aber gedacht, geträumt und geschaut werden konnte die ganze Zeit. »Meine Großmutter kommt aus Rußland, sie lebt noch ...« »Wißt ihr, warum die Belgier nicht Geige spielen ...« »Plötzlich dachte ich, mein Gott, das sind die ersten Anzeichen des Verfalls ...«

Als sie aufstand, stand auch er auf, zufällig. In der zweiten Etage hielten die beiden Aufzüge im selben Augenblick und warfen unter reichlichem Gerumpel ihre Wände zur Seite. Achtung. Mann und Frau, in Schwarz. Vor ihrer Zimmertür – sie hatte den Schlüssel bereits gefunden – umarmte er sie. Er murmelte etwas.

»Oh, bitte.«

Sie lehnte sich so regunglos wie möglich an ihn, die Nase an seinem Ohr, und beriet sich blitzschnell mit seinem und ihrem Körper. Die Empfindung von Ohnmacht, von Lähmung, war ein Signal, das sie kannte.

»Ein schönes Zimmer hast du.«

Daheim achtete sie auch immer darauf, eine Lampe brennen zu lassen, wenn sie abends weg waren.

Sie zog die Schuhe aus, löste ihren Gürtel und ging, um die Vorhänge zuzuziehen … die Fenster ließ sie geöffnet, denn sie spürte, daß die Wärme und Eigenart der ausländischen Stadt von Bedeutung waren. Sie stellte den Fernseher an ohne Ton. Einen Augenblick starrten sie auf das sich verschiebende Farbmuster, noch eingestimmt auf etwas, was außerhalb von ihnen stand. Dann sank sie aufs Bett, und er tat, was sie begehrte: Er hob den dünnen Schleierstoff und brachte Augen, Nase und Mund an ihren weißen Bauch.

Das Rezitativ war vorbei. Solist und Chor blieben stehen. Die Oboe setzte mit dem Thema der Arie ein. Mit seinen leicht vorquellenden Augen fixierte der Dirigent den Sänger. Wachsam. Passiert dir das oft, hatten sie voneinander wissen wollen. Nein, nicht oft. Manchmal. Beide waren sehr treu. Verheiratet?

»Ja. Und du?«

»Ich auch.«

Es war frappierend, wieviel man, wenn es sich mal so ergibt, weglassen kann. Wochen und Monate üblichen Verhaltens kann man getrost überschlagen. Mißverständnisse, Versöhnungen: nicht zutreffend. Dieser Männerkörper war ihr sofort vertraut. Schultern, Hüften, die behaarten Unterarme, die Kraft, die Nervosität: Alles stand ihr zu. Sie dachte: Was ist besser als diese Zusammengehörigkeit ohne gemeinsame Vergangenheit? Sie konnten einander streicheln, berühren, festhalten, wie immer sie wollten, denn zwischen ihnen war nie etwas passiert, was sich, verflochten mit den Liebkosungen, heimlich aufdrängte. Nichts, was sich in Scham verwandelt hätte. In bittere Wut. In Mitleid.

Sie hatten einander viel anvertraut. Ihr gegenseitiger Gebrauchswert war ja nur sehr gering. Während sie von ihrer Jugend in einem Dorf in der Provinz Drenthe erzählte, von den Scheunen, den nassen Wiesen, der winterlichen Dunkelheit, sah er auf ihre Lippen. Seine Finger kämmten ihr Flachshaar.

»Stell dir vor«, sagte er wenig später, »einmal, auf einem Sonntagnachmittagsspaziergang, habe ich meine Frau und meine Töchter nicht mehr erkannt.«

Es war eine bestürzende Erfahrung gewesen. Er sah die drei Frauen vor sich auf dem Kiesweg gehen – eine Dunkelhaarige, die auf unbequemen Absätzen ein wenig schwankte, und zwei mit blonden Pferdeschwänzen und großen sportlichen Füßen – und fragte sich, wer das sei und ob er womöglich rein zufällig hinter ihnen herspazierte. Er sah schnell von ihnen weg, zu den Statuen auf den Rasenflächen und zum Schloß, denn es war auf einem Landgut, danach kehrte sein Blick zurück, und das einzige, was zu ihm durchdrang, war, daß diese unbekannten Frauen dieselbe Zeit hinter sich gebracht haben mußten, die er zum Üben benutzt hatte – immer und immer wieder, Dutzende von Jahren zwischen vier Wänden auf Lagenwechsel, Läufe, Doppelgriffe verwandt. Da drehten sie sich um, riefen ihn fröhlich, und natürlich war alles wieder normal. Ein närrischer Moment war vorbei.

»Aber ich habe mich noch tagelang gefragt, ob man das, was ich tue, Leben nennen soll oder vielleicht ganz anders.«

Was geschah, war schrecklich. Der junge Tenor schaffte es nicht. Da stand er: »Meinen Tod büßet seiner Seelen Not ...« mit verzweifelt gen Himmel erhobenem Gesicht. Er überschlug alle schnellen Noten. Der feuerrot anlaufende Dirigent war zwar bekannt für seine eigenwilligen Ansichten, aber trotzdem wäre niemand auf die Idee gekommen, das Weglassen der Koloraturen im Tenorsolo, wodurch von dieser Arie nur das Skelett übrigblieb, ihm zuzuschreiben. Höchstwahrscheinlich reichten die Zwischensätze des samtig singenden Chors nicht aus, um dieses Debakel mit dem Mantel der Liebe zuzudecken.

Sie erinnerte sich nicht mehr, wieso sie von ihrem Sohn angefangen hatte. Vielleicht war sie ein wenig betrunken gewesen, in den Zimmern dieser Art von Hotels befanden sich in diskret verkleideten Kühlschränken eine Menge schicker Getränke, vielleicht hatte er nach ihm gefragt, vielleicht war sie müde.

»Er ist im Juli geboren. Am heißesten Tag des Jahres. Mein Gott, was für eine Hitze! Achtunddreißig Grad.«

Alle Kinderkrankheiten, die es noch irgendwo gab, hatte er bekommen. Röteln, Masern, Mumps. Am Ende seines dritten Lebensjahrs war er morgens plötzlich wieder klatschnaß, und das blieb so bis weit in seine Grundschulzeit hinein. Andere Kinder mieden oder hänselten ihn ... Ja, ja, laß los, nickte sie ihm einmal zu, als ein Vetter ihm ein Plüschtier aus den Händen zerren wollte, denn sie fand, er müsse auch hergeben können. Sie war mit ihm bei einem Therapeuten gewesen, und natürlich, es war ihre Schuld, sie hatte ihm nicht die richtigen Schuhe und die Sweatshirts mit den richtigen Aufdrucken gekauft, einen Winter lang hatte er nichtsahnend eine von ihr gestrickte violette Mütze getragen, und warum war sie nicht wie andere Mütter dreimal pro Woche mit ihm schwimmen gegangen? Trotzdem fand im vorigen Jahr das Klassenfest bei ihm zu Hause statt, alle waren gekommen und waren sehr angetan gewesen von den überreichlichen Dingen zum Essen und Trinken, die sie besorgt und hingestellt hatte, sie hatten sich bestens amüsiert und waren erst spät, ohne aufzuräumen oder sich auch nur zu verabschieden, gegangen. Das Mädchen, in das ihr Sohn verliebt zu sein glaubte, hatte den ganzen Abend bei ihr in der Küche gesessen und sich über seine plumpe Hartnäckigkeit beklagt, wo sie doch nichts, aber auch gar nichts für ihn empfand. Sein Bart, der erst spät zu sprießen begonnen hatte, war von feuerroten Pickeln begleitet.

»Er ist ein geborener Pechvogel«, seufzte sie.

Mit lautem Knirschen drehte sich da ein Schlüssel im Schloß des Nachbarzimmers. Eine Tür schlug zu. Sie hörte eine Frauenstimme, die leise zu singen begann.

»Du wirst sehen, das wächst sich schon aus«, war der freundliche Kommentar auch dieses Mannes.

Es war Elena, die, so vermutete sie, von einem Abendessen in der Stadt zurückkam. Diese Frau war immer fröhlich. So fröhlich wie sie selbst. Ein Badewannenhahn wurde aufgedreht. Durch die Wand war der immer vollere Klang des steigenden Wassers zu hören. Außerordentlich beruhigend. Beruhigend fand sie auch, sich ihre kräftige rosige Freundin vorzustellen, wie sie durchs Zimmer schritt, die Kleider auszog und auf den Boden fallen ließ, summend und leise singend, was sang sie da, nicht Bach, während dicht neben ihr tiefe Atemzüge eingesetzt hatten: Er schlief.

Der Wasserfall stoppte, das Singen klang deutlicher und plötzlich bekannt. Es war die Melodie aus *Doktor Schiwago*. Mit einemmal sehr schläfrig, langte sie nach dem Lichtschalter. Während sie sich davonmachte in die Dunkelheit, stimmte sie allem zu. Den Schneeflächen, den Wölfen, dem Feuer und der Kälte, dem Blut, dem eifersüchtigen Verfolger: der großen Liebe.

Schließlich gibt es dieses magere Kind.

Der zweite Chor konnte sich setzen. Die Quälerei war vorbei. Sie fragte sich: Wie konnte so etwas passieren? War es seine Angst, zu versagen? Es mußte schrecklich sein, vor einer mehr als vollen Kirche so zu scheitern. Ein Ereignis, das gehört und gesehen wird, ist wirklich wahr, erwiesen, die verachtenswerte Szene existiert für immer und läßt sich nicht mehr im Bereich des Traums, des Zufalls ansiedeln, der genausogut nicht hätte eintreten können.

Der Evangelist stand bereits wieder. Er sah seinem Publikum unerschütterlich ins Gesicht. Die Geschichte mußte weitergehen. Von seinem vierzehnten, fünfzehnten Lebensjahr an hatte er begonnen, ihren Blick zu meiden. Er wurde auch sehr verschlossen, wollte ihr nichts mehr erzählen. Aber trotzdem wußte sie alles. Sie war eine Frau, die Herzlichkeit ausstrahlte. Die Leute riefen sie an, sprachen sie an. Wenn er aus der Schule kam, ging er noch im Mantel nach oben. Eines Nachmittags war sie beunruhigt und brachte ihm Tee. »Danke«, sagte er mit gesenktem Blick. Unschlüssig blieb sie stehen und sah sich in dem unordentlichen, schmutzigen Zimmer um, die Bücher, die Kleider, die Taschentücher unter dem Bett. Sie begriff, daß er in dem Heft blättern würde, bis sie weg war. Sie wollte ihn fragen: Woran denkst du? Sie wollte ihn anschreien: Was wirfst du mir vor?

Die beiden Chöre mußten diesen Teil sehr heftig singen. Es war ein aufpeitschender Text. Hinausgeschrien werden mußte die Frage, ob Blitz und Donner etwa verschwunden seien. Als ob es möglich wäre, daß etwas verschwindet oder ungeschehen gemacht wird. Einmal hatte sie ihn abends eine Stunde allein gelassen. Er war erst drei, schlief aber immer sehr fest. Ein heftiges Gewitter entlud sich über der Stadt, und das Taxi, in dem sie nach Hause fuhr, wurde in einen komplizierten Unfall verwickelt. Schließlich öffnete sie die Haustür und fand ihn, erschöpft und warm wie einen müdegeflogenen Star, im Dunkeln auf dem Fußboden.

In der Basilika hallte die Musik nach. Das Publikum saß erschrocken da. Diese Verwünschungen griffen einen immer wieder an. Sie aber spürte, daß etwas in ihrer

Kehle schwoll. Bei diesem Teil des Chorgesangs hatte sie sich schon öfter überanstrengt. Leise hüstelnd, voll Angst, den inzwischen begonnenen Dialog der beiden Solisten zu stören, suchte sie nach ihren Halstabletten. Elena steckte ihr ein Taschentuch zu.

Zum Glück setzte jetzt der letzte Choral vor der Pause ein. Die Leute richteten sich auf. Nicht nur, daß es jetzt gar nicht mehr lange dauern würde, bis sie wieder reden und herumgehen konnten, sondern, da, schaut, neben dem Orchester und den beiden Chören stellte sich jetzt auch endlich der italienische Knabenchor in Positur – wie brav sie gewartet hatten, die Söhnchen, die Herzchen –, um, noch immer adrett und reglos, ihre Schnuten zu öffnen, die Stimmen herauszulassen und die Linie ihrer unschuldigen Worte wie mit dem Messer so scharf durch die Wärme und Bußfertigkeit all dieser Männer und Frauen zu ziehen.

Als der Applaus verklang, sagte sie zu Elena: »Kann ich nach der Pause an der Ecke sitzen?«

»Es wird dir nicht viel helfen«, sagte Elena.

Sie sahen sich um. Nirgends ein Ausgang. Wenn man infolge plötzlicher Angst, eines Hustenanfalls, einer drohenden Ohnmacht gezwungen wäre, den Konzertraum zu verlassen, dann gab es nur eine Möglichkeit. Den Weg zurück, den man gekommen war: die Tribünen hinunter, quer durch den Chor, seitlich ein ganzes Stück das Kirchenschiff entlang und dann links durch die Tür in den ehemaligen Kapitelsaal.

»Ach, ich weiß ja«, antwortete sie. »Es ist nur die Vorstellung.«

Elena beugte sich über sie.

»Wie hoch sind wir hier eigentlich?«

Entlang der ansteigenden Seitenwand der Tribüne war in etwa einem halben Meter Abstand ein kräftiges

Rohr angebracht. Beide starrten zwischen dem Rohr und ihrem Sitzplatz in die Tiefe. Der Kirchenboden glänzte. Graumarmorne Wölbungen verrieten die Stellen, an denen Tote ruhten. Die Inschriften waren abgeschliffen. Eine kleine Steintreppe führte noch weiter hinunter. Ein schwacher Lichtschein ließ ahnen, daß auch dort ein geweihter Raum eingerichtet war. Das Publikum war so zahlreich, daß die Stühle im Querschiff bis an den Altarraum heranreichten.

»Die Leute da sehen auf die Seitenwand der Tribünen«, sagte Elena.

Sie nickte.

»Aber sie haben einen guten Blick auf das Orchester und die Solisten.«

Sie war erleichtert, als die kleine Gruppe wieder anmarschiert kam. Ja, weiter! Sie begriff nicht, wie die anderen Sänger und Musiker es fertigbrachten, wie Schlangen aus ihrer Haut zu schlüpfen, zwanzig Minuten lang zu schwatzen und zu lachen und dann seelenruhig wieder in die alte Haut zurückzugleiten. Ihre eigene Spannung ließ sich nicht so leicht manipulieren. Wie immer war jetzt, nach der Pause, ein Sopran verschwunden und ein Alt hinzugekommen. Die beiden Bässe gingen mit brütenden Mienen nebeneinanderher, wie Jungs, die sich abgesprochen haben, wer das Furzkissen auf den Stuhl legen soll. Der kleine Tenor wirkte entschlossen, man hatte ihm wohl auf die richtige Art und Weise die Leviten gelesen. Sie strich mit feuchten Händen über ihren Rock.

Die Aufführung blieb an diesem Abend prekär. Der Tenor hatte sich tatsächlich wieder gefangen und legte ein bewegtes Solo hin, doch der Pilatus-, Petrus- und Judasbaß hatte wirklich keine Stimme mehr. Er sprach seine Konsonanten zwar exakt zum richtigen Zeitpunkt aus und war ansonsten als Erscheinung so überzeugend, daß es in den kurzen Sätzen kaum auffiel, daß er nicht sang, trotzdem war es vernünftig, daß er seine Arien dem anderen Baß überließ.

Während des Chorals hatte sie noch keine Probleme. Im Gegenteil. Aufrecht, die Füße ein Stück auseinander, setzte sie ihre Stimme ein wie abgesprochen. Kein Vibrato. Keine Betonung der schwachen Silben. Darüber hinaus gab es noch etwas Besonderes an dem Part, den sie sang. In den Worten, den Intervallen und den verborgenen Zahlen, die vor mehreren Jahrhunderten von einem scharfsinnigen Mann zusammengefügt worden waren, klangen die Dimensionen ihres eigenen Lebens mit. Die Harmonien des Chorals in D-Dur. Ohne sich dessen bewußt zu sein und ohne damit jemandem zu schaden oder den Charakter der Komposition zu stören, schleppte sie ihre Pendants herbei: ihre Mutter und Großmutter, ihren selbstgewählten Wolkenhimmel und Wind, die Tonhöhe und die Intensität ihres Schreiens, Lachens und Seufzens, und gewiß auch die speckig glänzende *Mater dolorosa*, die, vorgeneigt in einem vergoldeten Rahmen, schon den ganzen Abend lang ihre Aufmerksamkeit auf sich gezogen hatte. Dies war ihre Musik.

Danach mußte der Chor stehen bleiben, während ein paar Solostimmen darüber zu disputieren begannen, ob bestimmte Gefangene freizulassen wären oder nicht. Weil ihr warm war und sie sogar Beklemmungen hatte, schnallte sie verstohlen ihren Gürtel etwas lockerer. Sie atmete ein paarmal tief ein, und ja, sie fühlte sich besser. Dankbar stellte sie fest, daß es jetzt hinter ihr zog. Ein schwacher Luftstrom blies in ihren Nacken. Einen Moment lang schloß sie die Augen. Dann passierte, was ihr noch nie passiert war: Sie reagierte zu spät auf die Handbewegung des Dirigenten, und der Chor hatte den Schrei bereits ausgestoßen, bevor sie den Mund auch nur geöffnet hatte. »Barrabbam!« Sie ärgerte sich über ihre Trotteligkeit. Aber verdorben hatte sie natürlich nichts.

Ihre Probleme begannen während des Rezitativs des ersten Soprans.

Die Frau sang wie ein Engel. Sie hielt den Mund völlig ruhig – niemand begriff, wie sie das machte – und den Hals leicht vorgebeugt, als ließe sie die Töne an die Innenseite ihrer Stirn prallen. Zwei Oboisten begleiteten ihr Plädoyer mit einem unerschütterlichen Terzenschema.

Das Publikum setzte sich aufrecht hin. Manche Leute schlossen die Augen. Sie aber, in der obersten Tribünenreihe, hüstelte leise mit geschlossenen Lippen, sie lutschte verbissen schluckend an einer Halstablette, sie knüllte das Taschentuch in der Faust. Da waren ihre drei Viertel Pause. Gespannte Stille. Schweißnaß wurde ihr klar, daß sie verlieren würde.

Dies war der Alptraum, der irgendwann kommen mußte. Ihr Ende. Gleich würde sie die schönsten Arien aus dem schönsten Werk, das je von Menschenhand geschaffen wurde, verpatzen. Der Flötist hatte sein Vorspiel gespielt, die Sängerin Luft geholt. Da kam die Stimme: »Aus Liebe ...« Der hauchdünne Faden wurde gesponnen. Der Husten drängte nach außen.

Weg! Versteck dich! Versink im Erdboden!

Leises Räuspern half schon nicht mehr, sogar Einatmen verstärkte jetzt den abscheulichen Krampf, etwas schwoll an, sammelte sich, in der Nase, in der Brust, überall, tief in ihr war etwas bestrebt, das grauenhafteste, lauteste Getöse zu produzieren, das je ein Frauenmund von sich gegeben hatte. Das Taschentuch ans Gesicht gedrückt, erhob sie sich geduckt.

Wie hoch mochte es sein? Drei Meter, vielleicht mehr. Sehr hoch. Sie ging in die Hocke und griff nach dem Rohr, das seitlich an der Tribüne entlanglief. Dann ließ sie sich fallen. Mit ausgebreiteten Armen, sich mit aller Kraft anklammernd, schaute sie mit auf die Brust gedrücktem Kinn nach unten. Unter dem schwarzen Rock baumelten ihre Füße noch ein ganzes Stück über dem Boden. Ausgeschlossen, jetzt ans Springen zu denken. Der Widerhall ihrer Lederschuhe auf dem Marmor würde den des Soprans übertönen. Sie lauschte. Die Frau sang wie ein Engel. So hörte man diese Arie doch eigentlich nie? Die langen Sätze, mühelos, in *einem* Atemzug...

Da merkte sie, daß ihr Husten verschwunden war.

Sie hob den Kopf. Während sie langsam ein Gefühl tiefen Wohlbehagens durchdrang, blickte sie sich um. Da waren Figuren, Bögen, dunkle Fenster, ein grellrotes Banner sprang ihr ins Auge, und da war, vor ihr, die gesichtslose Masse, warm und fremd wie ein Fluß im Dunkel. Sie hing hier gut.

Die Sängerin brauchte sich ihretwegen nicht zu beeilen. Sing nur. Niemand wird dich stören. Spanne deine Linien zwischen den Säulen, den Kreuzrippengewölben und den Ohren der Leute, die sich so ruhig, so hochgestimmt zurücklehnen, die bereits drei Stunden lang die Güte selbst sind, die keinerlei Verbrechen planen oder begehen, die erst morgen, frühestens beim Frühstück, die Zeitungen aufschlagen werden, ihre geheimen Tagebücher voll von Greueltaten, von denen sie in diesem Moment nichts mehr wissen.

Da capo. Der Flötist fing wieder von vorn an. Ihre Finger waren Klammern, die keinen Schmerz empfinden konnten. Mit gelassenem Blick sah sie in die Kirche. Hie und da begannen sich festere Umrisse abzuzeichnen. Sie erkannte Nasen, Kinne, die Form einer Stirn. Und überall sah sie weit aufgerissene Augen. In der Ferne entdeckte sie einen Jungen mit dunklem, schmalem Gesicht. An wen erinnerte er sie? Er hatte keinerlei Ähnlichkeit mit ihrem Sohn, der das gleiche Flachshaar und die gleichen wasserblauen Augen hatte wie sie. Trotzdem murmelte sie: »Ja, ja, mein Junge, schau gut her. Hier hänge ich, deine Mutter.«

Es war vorbei. Sie hörte die beiden Chöre aufstehen und gleich darauf losschmettern. Eine mehr als ausreichende Geräuschkulisse. Sie schaute taxierend nach unten, schloß die Augen und ließ los. Danach waren es nur noch wenige Meter, die sie von der kleinen Steintreppe trennten. Sie ging ruhig dorthin und stieg die Stufen hinunter.

In der Krypta war es kühl. Auf zwei Ständern zu beiden Seiten einer Vitrine waren Kerzentürme aufgebaut. Ihr Schein zog sie an. Die Matthäus-Passion klang hier gedämpft und untergeordnet wie Filmmusik. Sie lauschte zerstreut und hörte, daß alles planmäßig weiterlief. Sie hatte jetzt allerdings nichts mehr damit zu tun.

Die Altistin verpaßte die ersten Takte ihrer Arie.

Die Hände an das Glas der Vitrine gedrückt, betrachtete sie den Schrein mit den Gebeinen irgendeines Klosterbruders. An der Rückwand hing eine halbvermoderte Kutte. Sie setzte sich auf einen Stuhl neben die Kerzen und starrte im bernsteingelben Licht vor sich hin. Sie wußte nicht mehr, wie lange.

Der Baß sang die Arie seines Kollegen gar nicht mal schlecht.

Ein Haken, der neben der Vitrine aus der Wand ragte, erregte ihre Aufmerksamkeit. Daran hingen verschiedene Blechäffchen. Sie stand auf, schob eines nach dem anderen auseinander und sah, daß in jedes die Abbildung eines menschlichen Körperteils gestanzt war. Ein Auge, ein Bein, ein Ohr, ein männliches Geschlechtsteil, ein Fuß, eine Frauenbrust, wieder ein Auge. Was hatte dieser Heilige nicht alles an Wundern gewirkt?

Über ihr begann der Schlußchor. Der langsame Tanz in c-Moll, in der lieblich-traurigen Tonart, die nach der alten Musiklehre so geeignet ist, einen in Schlaf zu lullen … Sie achtete kaum auf den Gesang. Und doch war die leichte, eigentümliche Betonung auf der Zwei, die der Sarabande eigen ist, ihr so nah wie der eigene Herzschlag. Ohne nachzudenken, legte sie die Hände an ihren Hals.

Die schmale schwarze Kette fiel kaum auf zwischen dem Blech.

Unruhe und Gelassenheit

Wir waren schon mehrere Wochen zu Hause, als wir endlich unsere Entdeckung machten. Nachdem wir zu zweit vom Keller bis zum Dachboden herumgegeistert waren, wobei wir die Augen gut aufsperrten und uns das Hirn zermarterten, um gerade auf die Aufbewahrungsorte zu stoßen, die ein paar Internatsschülerinnen leicht übersehen konnten – die düstersten Winkel des Spitzbodens, die mit flaumigem Staub gefüllten Ritzen unter den Kommoden –, beschlossen wir, dann eben auch ihre kleine Schlafstube zu durchsuchen. Leicht verärgert hoben wir das Fußende ihrer Matratze an und zischten vor Erstaunen. Da lag es! Diesmal war sie so gewitzt gewesen, den blödsinnigsten Platz auszusuchen. Wir nahmen das Buch in die Hand – es war ein Mordswälzer – und rochen daran.

Keine Frage. Dies war der Geruch unserer Stiefschwester, der Frau, die mit triefenden Händen durchs Haus ging, die die Einkäufe auspackte, den Eintopf kochte, das Weißzeug im Garten zum Bleichen auslegte: Dies war der unaussprechlich intime Sommerferiengeruch der vor uns versteckten Bücher. Wir setzten uns auf ihr Bett, blätterten kurz, so daß wir einen Eindruck von den Zeilen, den Absätzen, den Sätzen in Anführungszeichen bekamen, und sahen uns dann den Umschlag an. Ein Frauengesicht, gezeichnet von Liebe und Verlangen. Ein Tüllschleier. Zwei Brüste, die für unsere Begriffe merkwürdig hoch und rund aus dem Körper quollen.

»Wie lange dauert es noch, bis wir zu Tisch müssen?«
»Noch Ewigkeiten.«
Wie so oft, machten wir es uns im Zimmer unserer Brüder bequem. Wir ließen die Markisen herunter – rotes Dämmerlicht breitete sich aus –, schlugen das Buch auf dem Fußboden auf und machten uns unverzüglich mit voller Geschwindigkeit ans Lesen. Es dauerte keine Viertelstunde, da waren wir unwiderruflich in die Welt der weißen Schultern, jungen Brüste, einer Tochter, die den ganzen Glanz eines Ballsaals mit sich zu tragen schien, eingedrungen. Einen Weg zurück gab es nicht mehr.
Etwas später an diesem Nachmittag legte sich ein Finger auf eine Seite. Eine Stimme murmelte.
»... komm, liebe Komteß, sagte Anna Michailowna eisig ...« Da kam die besorgte Frage: »Sag mal, sollen wir nicht mal nachsehen?«
»Uh, ich lauf mal schnell ...«
Die Unterbrechung dauerte nur wenige Sekunden.
»... Und?«
»Sie ist im Hauswirtschaftsraum und kocht Pflaumenmarmelade.«
Unsere Stiefschwester war in mancherlei Hinsicht stahlhart. Sie hatte nichts dagegen, daß wir in ihren Schuhen herumliefen – ihr ehrfurchtgebietender Frauenkörper ruhte auf rätselhaft kleinen weißen Füßen –, daß wir ihre Lockenwickler benutzten, ihre Post lasen, uns die Pfefferminzbonbons aus ihrer Schürzentasche angelten und so weiter, aber als sie in unseren ersten Ferien daheim ihr Lieblingsbuch in unseren Händen entdeckte, *Moby Dick*, wir waren auf der Hälfte, wich alles Blut aus ihrem Gesicht. In dieser Nacht hörten wir sie auf dem unteren Flur umherwandern, wir hörten sie seufzen, als sie den Schirmständer mit den bronzenen Tigerköpfen ein Stück anhob.

Wir schraken auf. Der Gong zum Essen. Sechs Uhr: Graf Pierre Besuchow erwog allen Ernstes, seinen Leibeigenen die Freiheit zu schenken. Wir duckten uns.

»Wart ... einen Moment noch ... Exzellenz, sagte der Gutsverwalter verletzt, ich –«

»Nein! Vielleicht nachher. Das Buch muß blitzartig zurück!«

Als wir nach unten kamen, begannen unsere Brüder, Hippolyte und Tony, sich mit uns zu balgen und zu raufen, sie hoben uns hoch, wirbelten uns herum, warfen uns um und gaben sich alle Mühe, uns den Eindruck zu vermitteln, sie seien junge Tintenfische mit unzähligen Gliedmaßen. Seit sie als Stauer im Hafen von IJmuiden arbeiteten, rochen sie nach Meer. Auch in diesem Sommer hatten wir festgestellt, daß sie noch lachlustiger, breiter und behaarter waren, als wir sie das Jahr über in Erinnerung gehabt hatten. »Jetzt aber dallidalli!« riefen sie unserer Stiefschwester zu, die gleich darauf mit einer Pfanne voll geschnetzeltem Rinderfilet ins Eßzimmer trat.

»Ihr seid heute nicht ganz da«, sagte sie, als wir alle fünf eine Zeitlang vor uns hin gekaut hatten.

»Wo nicht da«, murmelten wir. Unsere Augen glitten über ihr rotes Gesicht. Wir überlegten, wo sie wohl war. Weiter als Austerlitz, 20. November 1805? Weiter als das Duell im Schnee, im lichten Morgennebel? Ulkig, während sie sich noch einmal auftat, konnte sie sich an Momente erinnern, die für uns noch in weiter Ferne lagen. Wir sahen auf ihren träge schmatzenden Mund. Sie war eine langsame Leserin. Sie war eine Leserin, die sich ruhig und beharrlich durch eine Fülle von Ereignissen durcharbeitet, um diese dann in einer streng persönlichen Vergangenheit wegzuschließen.

»Eßt weiter!«

Wir nickten und schlugen die Augen nieder Als ob das

Universum, das sie so eifersüchtig in ihrem Bett zu verstecken versuchte, nicht ein für allemal existierte. Als ob sich alles nicht gleich, für uns, wieder ganz von neuem ereignen würde.

Hippolyte schob den Kopf vor.

»Guck-guck – aaaaah!«

Tony zog einen Geldschein aus der Brusttasche.

»Ihr könnt gleich mal Eis holen.«

»Danke«, sagten wir.

Am nächsten Tag herrschte eine unruhige Stimmung im Haus. Geübt, wie wir waren, und weil wir den Argwohn unserer Stiefschwester spürten, die – nebenbei gesagt – eine erlesene Wahl getroffen hatte, flogen unsere Augen so flink und ziellos wie ein Fuchs im Hühnerstall über die Zeilen. Liebesnächte, Kriegsverletzungen, Sommer, Winter, Familiendiners wurden von uns ohne genaueres Verständnis verschlungen. Was machte das schon? Wir wußten längst, daß die Welt unsere Komplizenschaft im Prinzip nicht wollte. Aber wir gingen Risiken ein. Mitgerissen von der einen gepunkteten Linie, die in dem Chaos deutlich, strahlend weiß aufleuchtete – die dreizehn-, vierzehn-, sechzehn-, die achtzehnjährige Natascha Rostow hat gerade einen Heiratsantrag vom Fürsten Bolkonski erhalten –, hatten wir die Schritte unserer Stiefschwester nicht näher kommen hören.

Wir sagten zueinander: »Ich finde, er sieht ein bißchen aus wie der leibhaftige Tod ...«, als die Tür aufflog und wir uns wie Soldaten in der vordersten Linie vornüberfallen ließen.

»Ja, seht ihr denn nicht, daß es regnet?«

Sie begann die Sonnenmarkise hochzuziehen, und tatsächlich, ein violettgrauer Himmel dehnte sich zu unbestimmter Weite. Wir erklärten uns bereit, die Öljacken anzuziehen und Erdbeeren kaufen zu gehen.

An diesem Nachmittag bekamen wir nicht mehr viel Gelegenheit. Unsere Stiefschwester hatte beschlossen, uns zu verwöhnen, wir bekamen Erdbeeren mit Sahne, Nußeis, Melonentee, in Butter gebackene Eierkuchen, und gerade, als wir dachten, für den Rest des Nachmittags sturmfreie Bude zu haben, als wir voller Dankbarkeit die schweren Seiten wieder zwischen unseren Fingern fühlten und miterlebt hatten, daß unsere Heldin von Einsamkeit beschlichen wurde, von einer wollüstigen Art von Einsamkeit, die sowohl für sie selbst als auch für uns – die wir noch immer den Atem anhielten – höchst erregend war, gerade, als wir lasen, daß Anatol Kuragins größte, schönste, bedeutendste und ungezähmteste Beute Natascha hieß, da wurden wir nach unten gerufen, um eine ganze Schale frischgebackenen Sandkuchen mit Zuckerguß und Mandeln zu verzieren und, wenn wir wollten, zu probieren.

»Wir sind bis oben hin voll«, sagten wir schließlich. »Jetzt wollen wir wirklich nichts mehr.«

Als um sechs Uhr der Gongschlag durchs Haus rollte, waren wir gerade dabei, einen Liebesbrief zu lesen: »... *ich werde dich entführen und bis ans Ende der Welt mitnehmen ...*« Wird sie es tun? Wird sie es tun? ging es uns im Kopf herum, während wir zuerst die Treppe zu der kleinen Schlafkammer hinaufstürmten und dann nach unten rannten.

»Ihr seid ja krank!« riefen Hippolyte und Tony. Nicht nur, daß wir keinen Löffel von der Sauerampfersuppe essen wollten, wir dachten auch nicht im entferntesten daran, auf den Metallfrosch zu reagieren, den sie zwischen zwei Biergläsern hin und her hüpfen ließen. Wir lauerten zur Tür.

Da kam sie endlich. Sie stellte eine schwere Schüssel auf den Tisch, bediente uns alle vier wortlos und warf uns, bevor sie sich hinsetzte, einen derart reuevollen

Blick zu, daß uns der Atem stockte und die Luft gefror...

So kam es, daß wir in dieser Woche wieder, miserabel gelaunt, durchs Haus zu geistern begannen. Wir schauten hinter Gardinen, rissen Dielenbretter heraus, klopften an Wände und versuchten schließlich, als alles nichts genützt hatte, voller Verzweiflung vom Gesicht unserer Stiefschwester abzulesen, ob Natascha tun würde, was wir, für uns selbst, schon längst beschlossen hatten: die Welt Welt sein zu lassen und sich der Leidenschaft, der Verruchtheit und dem Spiel des Abenteurers hinzugeben. Dem Schlitten und den schnellen Pferden. Wir sahen, wie ihre Wangen alle Farbe verloren.

Am Donnerstag abend gingen wir nach einem Zirkusbesuch entlang den Straßenbahnschienen nach Hause. Es regnete, und ein stürmischer Landwind blies. Ein vierjähriges Mädchen hatte auf einem silbernen Seil getanzt. Ein Schimmel hatte uns mit schlagenden Vorderhufen seinen schmutzigweißen Bauch gezeigt. Wir kamen in die Hoogstraat und entdeckten, daß unser Haus bis auf ein Fenster in Dunkelheit gehüllt war. Warte. Verzaubert starrten wir nach oben – da stand unsere Stiefschwester in ihrem abgetragenen Regenmantel, Kapuze auf dem Kopf, mit verschlungenen Händen und starrte mit festem Blick aus dem Fenster... Wir begriffen sofort.

»Sie tut's! Sie läßt sich von Anatol Kuragin entführen!«

In dieser Nacht waren wir unruhige Mädchen im Bett, die dem Vorbeijagen der Wolken vor dem Fenster zuschauten. Gegen Morgen hörten wir, daß sich der Wind legte. Wir schliefen bis zwölf.

Der Rest des Sommers bestand aus Buntstiften und Hergés gesammelten Werken. Wir wurden dicker und von Tag zu Tag träger, bis zu dem Morgen, an dem unsere Stiefschwester unsere Koffer packte, um sie hinten im Buick zu verstauen. Hippolyte und Tony knallten die Türen zu und fuhren uns quer durch das sonnige Land nach Venlo, wo wir erschöpft von allem Blödsinn ankamen: wie gewöhnlich als erste. Wir umarmten unsere Brüder, traten durchs Tor, schnupperten den vertrauten, schleppenden Krankengeruch des Schlafsaals, öffneten die Fenster, wobei wir die Kapelle, den Speisesaal und die Ziegenställe vorläufig noch keines Blickes würdigten, und kamen erst sehr viel später dahinter, daß Natascha – höchstwahrscheinlich als Jungfrau – eine ehrbare Ehe eingegangen war.

Selbstporträt oder: Totenstiller Mann am Ofen

»(...) Selbstporträt: das einzige Porträt, das seinen Schöpfer genau im Moment der schöpferischen Handlung zeigt.«
Michel Tournier

Du hast an diesem Vormittag noch mit keiner Menschenseele gesprochen. Du bist gegen zehn Uhr aufgestanden, du hast dich angezogen, rasiert und bist durch das ruhige Viertel zum Bahnhof gegangen, denn du mußt heute geschäftlich in die Hauptstadt. Am Schalter wurde dein Gruß nicht erwidert, der Zug läuft lautlos ein, du steigst ein – 1. Klasse, Raucher –, und während du es dir bequem machst, merkst du, daß die Frau, die auf dem Fensterplatz dir gegenüber, den Kopf an den weichen rosafarbenen Bezug gelehnt, schläft, der einzige andere Fahrgast in diesem Abteil ist. Der Zug fährt ab. Du hattest dir eine Pfeife anzünden wollen, aber irgendwie hält dich das Gesicht der schlafenden Frau davon ab.

Ein Ausdruck intensiver Freude erscheint darauf. Die Lider zucken, und weil sie nicht ganz geschlossen sind, werden in den Spalten von Zeit zu Zeit Bewegungen erkennbar, die dich an das Gewimmel von Ameisen zwischen feuchten Fliesen erinnern. Auch der Mund ist unruhig. Je nachdem, wie die Traumbilder es ihr eingeben, wird das Lächeln durch eine Zungenspitze aufgelockert oder von vorsichtig zubeißenden Zähnen im Zaum gehalten.

Du streichst dir mit den Fingerspitzen über die Wangen und traust dich nicht, das unergründbare Erlebnis dir gegenüber, kaum zwei Meter entfernt, mit deinem Tabakrauch zu stören.

Nach einiger Zeit ertönt ein Pfeifen. Der Zug ruckt, bremst, und die Frau – rothaarig, mager wie eine Katze – schreckt hoch, ihr Lächeln erstirbt.

Der Blick aus ihren Augen überrumpelt dich.

»Sie haben geschlafen wie ein Murmeltier«, entfährt es dir.

Unbegreiflich, daß du das sagst. Als hättest du die Kühle, die Arroganz dieser Augen nicht bemerkt. Die Gräue, wie von einem nach Norden gelegenen Garten. Als wüßtest du nicht, daß es Menschen gibt, die sich in einen Hauseingang, eine Kneipe flüchten, wenn sie auf der Straße von weitem einen Freund, einen Bruder, einen sympathischen Nachbarn entdecken. Komm mir nicht zu nahe, vor allem: sprich nicht mit mir, es paßt mir nicht, später werde ich dir erklären, wie es mir geht, nämlich verdammt gut, später, morgen, werde ich dir meinen sympathischen Augenaufschlag zeigen ...

Der Zug hat mitten in den Wiesen angehalten.

Stille und Reglosigkeit. Niemand kommt auf die Idee, den Gang entlangzugehen, die Türen aufzureißen und einen Blick auf die Gleise zu werfen. Die Lautsprecheranlage schweigt zu diesem Aufenthalt. Es passiert anscheinend nichts. Beim Umherschweifen begegnet dein Blick erneut dem der Frau, und du fängst ihre Verwunderung auf, du vermutest, daß sie Lust hat zu fragen: Verstehen *Sie* das?

Die Grasflächen unter dem violettgrauen Himmel sind naß und leer: Der März geht dem Ende zu, das Vieh steht noch im Stall. Etwa zehn Meter vom Bahndamm entfernt liegt ein Gehöft mit einem verregneten Hof, auf dem Karren, Trinktröge und eine kahle Baumreihe zu sehen sind, du gähnst, du weißt nicht, wieviel Zeit verstreicht, doch allmählich beschleicht dich das Gefühl, daß nicht nur du selbst, sondern auch deine Reisegefährtin auf unergründbare Art und Weise etwas mit diesen Karren, diesen Trinktrögen und diesen leblosen Bäumen zu tun hat.

Sie ist offenbar aufgetaut. Ohne dich anzuschauen, den Blick genau wie du auf diesen Bauernkram gerichtet, seufzt sie: »Wie verlassen das ist.«

Was sollst du darauf sagen? Du beschränkst dich auf ein zustimmendes Gemurmel, denn ja, du brauchst die violette Trübseligkeit des Himmels nicht, um dich an die Koffer zu erinnern, die offenen Türen, die Schritte, die erhobenen nassen Gesichter, die schwarzen Augenschatten darin, die verjährten Worte und alles, was sonst noch dazu beigetragen hat, um dein Leben ... Aber noch bist du mit dem Murmeln nicht fertig, jaja, so steht's, so ist die Welt nun mal, da drängt sich dir eine vage Erinnerung an jemanden auf, den du eigentlich schon vergessen hattest, es macht dich nervös, deine Finger kribbeln ein wenig, einen Moment lang hast du Angst, daß dir schlecht wird.

Um deinen Gleichmut wiederzugewinnen, sagst du: »Ich bin ein Stadtmensch. So ein Himmel, so ein Hof, so eine Wiese sind für mich völlig fremde Dinge.«

Sie wendet dir das Gesicht für einen Moment zu.

»Ach was. Sie kommen doch nicht vom Mond?« Diese Bemerkung gefällt dir. Du schüttelst grinsend den Kopf und denkst darüber nach. Ja, nein, die sitzt. Du bist von hier. Natürlich. Natürlich hat dein Gedächtnis Dinge eingefangen, das weißt du genausogut wie sie. Es hat nicht nur die gewichtigen, echten Dinge eingefangen, die jeder in seiner Jugend erlebt: die Herbstmorgen draußen (Zeitungen zustellen), die Besorgungen auf dem Fahrrad (hintendrauf der kleine Bruder), die Spiegelung in einem Teich (Hund), sondern auch ihren Schatten, ihren Traum: die Landschaften und tiefen Flüsse aus den Geschichten, den Filmen, den Zeitungsberichten. In dem Moment, in dem dein Grinsen vergeht, fällt dir plötzlich der Bauernbursche ein – ein totenstiller Mann am Ofen –, und vielleicht war er es ja, den du eben vergessen hattest.

Du erzählst von ihm.

»Als ich ungefähr neun war, hat eine Zeitlang ein Bauernbursche bei uns gewohnt. Es war Winter. Ich sehe ihn vor mir als totenstillen Mann am Ofen, aber jetzt, wo ich an ihn zurückdenke, weiß ich, daß er nicht älter als sechzehn gewesen sein kann. Er verließ unser Haus nie, bis auf gelegentliche Male, wenn das passierte, durftest du abends beim Schlafengehen nicht vergessen, unter das Kopfkissen zu fassen, dann konnte man sich nämlich mit Süßigkeiten vollstopfen. Meine Eltern hatten ihn aufgenommen, sagten sie, weil er Kummer hatte.«

Sie hat sich vom Fenster abgewandt und schaut auf deinen Mund.

»Kummer?« fragt sie leichthin.

Du nickst.

»Da war etwas passiert, bei ihm zu Hause, auf dem Bauernhof, das war so schrecklich, daß er nie wieder lachte.«

Sie fragt weiter.

»Wissen Sie wirklich nicht, was es war?«

»Nein. Darüber wurde nicht gesprochen.«

Zögernd mustert sie dich ein paar Sekunden lang. Du findest die Situation amüsant.

»Meistens schwieg er«, fährst du fort. »Er saß einfach da und schaute mit diesen scharfen blauen Augen auf die Babys und die Kleinkinder und meinen Bruder und mich. Wir waren eine große Familie. Einmal erzählte er von dem Fluß, der den Deich durchbrochen hatte, lange bevor er geboren wurde, er sagte, daß man den Geruch im Haus immer noch riechen konnte, den Geruch von Wasser.«

Jetzt sieht sie dich mit so viel unverhohlener Sympathie an, daß du fast lachen mußt. Welches Interesse auf einmal an deinem tiefsten Inneren. Aber du machst dir nichts vor. Während ihre Augen über deine Schuhe, deine Hosenbeine, dein Jackett und danach forschend über dein Gesicht gleiten, weißt du, daß du dich am äußersten Rand ihrer Wahrnehmung befindest, du kannst jeden Moment hinunterfallen.

Um sie in die Irre zu führen, aber auch um des Spaßes willen, denkst du dir aus, daß er es war, dieser Bauernbursche, der euch diese Sache mit den Spiralschuhen in den Kopf gesetzt hat. Du erklärst: »Er versprach, Spiralschuhe für uns zu machen, für die Kleinen und für meinen Bruder und für mich. Spiralschuhe sind normale Schuhe, Turnschuhe, Sandalen, egal was, unter deren Sohlen ganz starke Sprungfedern aus einem Sessel oder Sofa angebracht sind. Er erzählte, daß sie dort, wo er herkam, schon eine Weile allgemein in Gebrauch waren. Man konnte damit über Zäune und Wassergräben und Karren und so weiter springen.«

Sie zieht eine Augenbraue hoch. Ihr Lachen bezwingend, öffnet sie den Mund, aber da fliegt ein gräßliches Hornsignal auf euch zu, ein sich überschlagender, zweitöniger Schrei, und im selben Moment stiebt der Intercity am Fenster vorbei.

»Und? Hat's geklappt?« fragten ihre Lippen.

Du starrst auf den Bauernhof und auf das Grün und das Grau, das erst ruckweise, dann fließend davongleitet, vorbeisegelt, der Zug nimmt wieder Geschwindigkeit auf, Wasserbänder drehen sich zur Seite hin weg.

»O ja. Sie haben phantastisch funktioniert.«

Jetzt ist sie wieder an ihr Polster gesunken, vernünftige Frau, in ungefähr zehn Minuten sind wir am nächsten Bahnhof, und lärmende Fahrgäste recken dort schon die Hälse, um den verspäteten Nahverkehrszug zu sich heranzuziehen: Sie stellt sich schlafend.

Deine Finger drücken den Tabak fest. Das Feuerzeug gibt eine schöne Flamme. Rauchwolken lassen das Gesicht gegenüber zwar verschwimmen, verhindern jedoch nicht, daß dir einige der Dinge, die sich dahinter abspielen, bekannt sind.

Scharfe blaue Augen. Der Geruch von Wasser. Spiralschuhe.

Die blaurote Luftmatratze

Eine Sommeridylle

Natürlich wußten wir, warum unsere Stiefschwester weinte. Nadine weinte um Mijnheer Martien. Jemand hatte uns erzählt, daß Mijnheer Martiens kalter, triefender Körper am Abend zuvor bei Ebbe am Strand gefunden worden war, dem Anschein nach von einer starken Strömung mitgerissen und weit jenseits der zweiten Sandbank ertrunken. Die blaurote Luftmatratze, auf der er getrieben hatte, war erst am heutigen Morgen angespült worden. Schlaff, fast ganz leer. Ein kleiner Junge hatte sie zusammengerollt, war damit zu unserem Haus gegangen und hatte sie mit ehrfürchtiger Miene Nadine überreicht.

Es war ein warmer Julitag. Vom Balkon des Zimmers aus, in dem wir auch in diesen Sommerferien wieder schliefen, sahen wir Nadine hinten im Garten, mit dem Rücken zum Haus, zwischen den Beerensträuchern stehen. Plötzlich fuhr sie sich wild übers Gesicht und sackte in die Hocke. Sie streckte die Arme und begann zu pflücken. Sonnenlicht fiel auf ihr kastanienbraunes Haar, das sie zu einem Knoten geschlungen trug. Immer wieder kamen ihre Arme weiß, fleischig und geschickt, wie Tiere, unter dem Blattwerk zum Vorschein, um die Beeren in den Korb neben ihrem sich bauschenden Rock zu werfen. Kummer, das sahen wir. Kummer. Schmerz. Schicksalsschlag. Und über ihrem Kopf tanzte die

Sommerluft nicht länger, flimmerte nicht länger in durchsichtigen Arabesken, sondern fiel herab, wie angegriffener Firnis, und enthüllte uns dabei einen stumpfen Untergrund. Ach, welche Entzauberung! Welche Armut! Niemals würde sie ihn wiedersehen!

Inzwischen waren unsere Brüder aus dem Haus getreten. Noch in Arbeitszeug, standen sie auf der Terrasse, und allein schon ihre Schultern und muskulösen Nacken verrieten, daß sie Nadines Beerenpflücken, dort, ganz allein in der Wärme, als ebenso tragisch empfanden wie wir. Sie gingen über den Rasen und bahnten sich einen Weg durch die Brennesseln, Hippolyte vorneweg, Tony mit seinem goldenen Ring im Ohr, mit den Tätowierungen auf den Armen, hinterher.

»Du kommst ja gar nicht voran, Nadine!« rief Tony, schon von weitem die Stille durchbrechend.

Sie hatten sich noch nicht neben unserer Stiefschwester hingekniet, jeder auf einer Seite, mit Gesichtern, schlaff vor guten Absichten, da begann der ganze Strauch schon zu rascheln und sich zu bewegen. »Sind das Beeren!« schrie Hippolyte. »Verdammt, sind das Massen!« Und wir wußten, daß sich der Heizölgeruch unserer Brüder mit der Ausdünstung von Blumen und Früchten, von tief in den Ärmeln verborgenen Frauenachseln und einem Deodorant Marke *Maja* restlos vermischte. Der Strauch war im Nu leer, der Korb bis zum Rand voll. Alle drei sanken auf die Fersen. Unsere Brüder sahen sich unruhig an, feixten ein bißchen und seufzten. Als Nadine die Hände vors Gesicht schlug, fing Tony von Mijnheer Martien an.

»Lieber Gott, die Besten gehen immer als erste! Die Besten, die Nettesten, die Freigebigsten! Perlen vor die Säue! Ich übertreibe wirklich nicht, wenn ich ihn als großherzig bezeichne. Hat er sich nicht seelenruhig ausnutzen lassen, da, in der Geselligkeit seines Ladens, von

Schülern, Hausfrauen, dem erstbesten Mütterchen, das Flaschen zurückbringen will, in Wirklichkeit jedoch kommt, um ein Päckchen Tee mitgehen zu lassen? Wenn ihm das keine schlaflosen Nächte bereitet hat – und wer kannte ihn besser als du, Nadine –, so nur deswegen, weil er bei vollem Verstand gutgläubig war, total unverantwortlich, stimmt's oder stimmt's nicht? Und trotzdem: ahahaha! lief sein Laden erstaunlich gut, meine Liebe!«

Tony schwieg, wie wir glaubten, überwältigt von seinen Worten. Wir fanden, daß er übertrieb. Mijnheer Martien war ein Mann mit Backenbart und Goldbrille, der freundlich an seiner Kasse saß. Als wir eines Nachmittags die Ladentür aufstießen, sahen wir, daß ein Hund, ein reinrassiger Afghane, zwischen den Regalen herumlief. Das Tier, das mit seiner glänzenden Schnauze die Besen und Spülbürsten beschnüffelte, als wüßte es genau, daß sich dahinter etwas verbarg, war »ihm zugelaufen«, wie Mijnheer Martien uns erzählte. Wir durften den Streuner für ein Stündchen in die Dünen mitnehmen, und als wir verdutzt und völlig atemlos zurückkamen, lange nach Ladenschluß, sagte Mijnheer Martien: »Was? Jetzt schon zurück? Habt ihr schon Eis gegessen?« Und er stand auf, um Eislutscher zu holen und danach eine blaue Emailschüssel mit Wasser auf die Fliesen zu stellen, direkt unter die Hundeschnauze. Für einen Moment flimmerte Mijnheer Martiens ganze Welt vor unseren Augen, blau, schimmernd, eiskalt. »Schmeckt's?« fragte er beim Aufschauen.

»Armer, armer Martien ...! Armer Kaufmann ...!« tönte es aus dem Garten.

Wieder Tony, Tony mit seiner in Fahrt gekommenen Stimme. So lässig er auch für gewöhnlich mit Worten umging, so lässig unsere beiden Brüder für gewöhnlich damit umgingen, konnte Tony doch plötzlich platzen und mit immer größerem Tempo und Druck seinen Leidenschaften, seinem maßlosen Überschwang Luft machen.

»Leider konnte er schlecht schwimmen!«

Wir sahen, daß Nadine und Hippolyte sich kaum mehr rührten. Mit hängenden Schultern, die Hände auf die Knie gestützt, hockten sie zwischen den Sträuchern.

»... Und leider ist es auf einer Luftmatratze irrsinnig gefährlich in der Strömung, dort, an den Wellenbrechern, am scharfen Basalt, wenn sich das Wasser nach der Flut zurückzieht, dunkel, saugend, immer schneller, und sich nur allzuoft auf einen tosenden Strudel, eine Spirale zubewegt, eine Mechanik, die sich unwiderruflich in den Meeresgrund bohrt ...!«

Nadine zuckte mit den Achseln. Ganz im Bann der schrecklichen Anekdote lösten wir unseren Blick von ihr und schauten in den Garten, wo die Sonne lange Schatten warf und eine graue Katze zwischen den Dahlien rumschlich.

Hippolyte sprang auf.

»So! Die Sache wäre erledigt, allerbestens! Und jetzt, Nadine, kochen! Ja, los, an die Arbeit! Kartoffeln und Fleisch, trotz ... trotz ... Darf ich mal?« Und er bückte sich und zog sie behutsam, wenn auch mit einiger Mühe, an den Ellbogen hoch.

Bei Tisch war es nicht gemütlich, kein Anlaß, auch nur eine Sekunde zu lachen. Unsere Stiefschwester setzte uns ein Gericht vor, das wir noch nie gegessen hatten, einen Eintopf, der so süß und köstlich war, daß unsere Brüder in Schweigen verfielen und wir beide sogar zu denken aufhörten. Nadine aß keinen Bissen. Sie stiefelte zwischen dem Mobiliar des Vorderzimmers hin und her, blieb immer wieder stehen, lächelte wie eine Närrin, bis Hippolyte die Störung ihrer Gemütsruhe einfach nicht mehr mit ansehen konnte und seinen Stuhl umwarf, um ihre Lieblingsplatte aufzulegen. »Wien, Wien, nur du allein, sollst stets die Stadt meiner Träume sein ...« Sie stürzte aus dem Zimmer.

Gleich nach dem Abwaschen küßten wir unsere Brüder.

»Wir gehen ins Bett«, sagten wir.

Sie protestierten nicht mal, sondern fuhren, ohne aufzusehen, fort, die altgediente Küchenmaschine, die mahlen, hacken, schneiden, mischen, kneten konnte, auseinanderzunehmen und einzufetten. Wir atmeten auf, als wir die Tür unseres Schlafzimmers hinter uns zuzogen.

Es war ein herrlicher Abend mit roten Streifen am Himmel. Von jenseits des Gartenzauns klangen die Stimmen und das Motorgedröhn der Dorfbevölkerung zu uns herauf, die zum Meer zog, um vor dem Dunkelwerden noch eine Stunde zu schwimmen. Wir ließen uns auf unser Bett fallen. Zwischen den Kissen lag, an der Stelle aufgeschlagen, an der wir stehengeblieben waren, *Pim Pandur, der Schrecken des Imbosch.* Uns fiel gerade noch rechtzeitig ein, die Fliegengittertüren zum Balkon zu schließen, und dann tauchten wir augenblicklich, lang ausgestreckt, seufzend und uns an den Fußknöcheln kratzend, in die Nebel der Veluwe bei Nacht und Wind ein, wo eine ganz in Schwarz gekleidete Gestalt, geschmeidig wie eine Katze... Die Mücken tickten an das Fliegengitter. Die Dorfbewohner kehrten in ihre Häuser zurück. Stille. Bei Anbruch der Nacht, gerade als wir uns die Augen gerieben hatten und die Möbel ihre Formen wieder annahmen, hörten wir, daß unsere Brüder ihr Zimmer verließen.

Eine Tür knarrte, an der Schwelle polterte es, etwas fiel, wir hörten das rasend schnelle Flüstern von Tony und Hippolyte, der, ohne die Stimme zu dämpfen, »Tinnef!« und »Scheiße!« sagte. Dann lauschten wir, wie so oft in diesem Sommer, ihrem Gekicher auf der Treppe und folgten ihren Schritten durch die Dunkelheit des Flurs zum Hauswirtschaftsraum, wo sie in der Bastelecke ihr Werkzeug aufbewahrten. Nur wenn man es wußte, konnte man kurz darauf das Klicken der Außentür hören.

Nun gab es drei Möglichkeiten. Entweder nahmen sie den Buick und fuhren ans Meer, um dort, auf der Kippe zwischen Ebbe und Flut, ein durchsichtiges Netz durch die Brandung zu ziehen, was zur Folge hätte, daß wir sie morgen mittag mit schmalen Messern neben einem Eimer voll Blut und Schleim antreffen würden. Eine Woche lang würde es Rotzunge geben. Oder sie holten ihren Volkswagen, ein irrsinnig schnelles Ding und so wendig wie sonst was, um mit voll aufgeblendeten Scheinwerfern über Prinz Bernhards tipptopp gepflegte Golfplätze zu rasen, wobei Tony, aus dem rechten Fenster hängend, am Visier seines Jagdgewehrs drehte. Dann würde uns morgen der schwere, fette Geruch von Haut, von Gekröse, von durchtrennten Sehnen in die Nase steigen, ein Geruch, der sich so gar nicht mehr mit den Sprüngen und Haken des Kaninchens in Verbindung bringen ließe, das dort, wie ein Lumpen, an einem der Wäschepfähle hing. Hippolyte war voll konzentriert und verstand seine Sache. Im Nu würde er das feurigrote Ding auf die schöne Schale zu den vier oder fünf anderen gelegt haben.

Die dritte Möglichkeit war einigermaßen dunkel. Um herauszubekommen, was sie an den Hintertüren oder auf den mit Wein bewachsenen Balkonen der Villen in »De Zuid« eigentlich genau trieben, wo sich die inmitten ihrer Besitztümer schlafenden Bewohner durch Scheinwerfer am Giebel, empfindliche Vorrichtungen an Fenstern und Türen und ein paar Hunde in der Diele geschützt wußten, um darüber alle Einzelheiten in Erfahrung zu bringen, würden wir morgen die Abendzeitung bei den Regionalnachrichten auf Seite fünf aufschlagen müssen. *Drei Tote durch Mord und Brand. Landstreicher ärgert Kaplan mit Kerzenmeer. Leiterdiebe auf frischer Tat ertappt. Raser entwischt. Geschirrschrank entwendet.* Meist gelang es uns, die Meldung, die uns etwas anging, zu entdecken.

Nach dem üblichen Getrödel im Bad gingen wir wieder zu Bett, löschten das Licht und beschlossen zu schlafen. »Gute Nacht!« »Gute Nacht!« »Gute Nacht.« »Gute Nacht ...« Die Schläfrigere verlor. Wir wurden still. Die Welt drehte sich bereits.

Da hörten wir von oben einen lauten Seufzer.

»Was ist das?«

Wir schossen hoch und sahen in die Dunkelheit.

Ein Schluchzer, ein trauriger Aufschrei hatte uns im ersten Schlaf gestört. Das Echo hing noch im Raum. Kompakte, regelmäßige Schwingungen veranlaßten uns dazu, uns umzusehen und zu lauschen. Doch das Geräusch wiederholte sich nicht. Im Gegenteil. Eine allesbeherrschende Stille ergriff Besitz vom Haus. Wir wünschten, ein Auto führe vorbei, ein frischer Wind käme auf. Wir ließen uns in die Kissen sinken und schauten wach und traurig zur Decke hinauf.

Sie vermißte ihn. Sie war einsam. Unsere Stiefschwester lag im Bett und wälzte sich hin und her. Diesen ganzen Sommer lang hatte Nadine zweimal in der Woche ihr Kleid gebügelt und war gegen Abend ins Dorf gegangen. Wenn sie dann im Mondlicht zurückkam, zusammen mit Mijnheer Martien, schaute sie glatt durch uns hindurch, so beschäftigt war sie mit dem Genever, den Spielkarten und dem Heranschieben der Stühle unter die Lampe im Wintergarten. Dann, so wußten wir, folgte die Stunde der flinken Handbewegungen. Sie saßen sich an dem kleinen Tisch neben der Tür breit gegenüber, mischten, gaben mit sehnsüchtigen Blicken und knallten, als gälte ihre Aufmerksamkeit nichts anderem, unter dem triumphierenden Ausruf: »Du bist sehr gut!« ihre Karten auf das grüne Tuch. Erst später, wenn wir schon schliefen, ging sie ihm voraus in die kleine Kammer unter dem Dach. Nachthimmel. Ein fiebriger Windstoß durchs offene Fenster. Und die ganze Sache mit der Nacktheit und den Umarmungen, über die uns niemand etwas zu erzählen brauchte.

Den nächsten Tag verbrachten wir am Meer. Wir waren kaum fertig mit Tee und Zwieback, da fing unsere Stiefschwester schon an, eine Keksrolle und zwei Badeanzüge in ein Handtuch zu wickeln.

»Dürfen wir die Luftmatratze von Mijnheer Martien mitnehmen?« fragten wir.

Ohne uns auch nur eine Sekunde lang anzusehen, sagte sie, den Blick starr auf einen bestimmten Punkt über uns gerichtet: »Die müssen wir erst noch flicken.«

Es war noch früh. Der Himmel war kühl und hellblau, aber bereits voller Glanz.

Anfangs waren wir still und lagen ohne großen Elan da, die Wangen auf dem feuchten Sand. Als die Sonne jedoch höher stieg und um uns herum, zusammen mit der Wärme, die Fröhlichkeit und der Trubel gewaltig zunahmen, gingen wir zuerst schwimmen, beteiligten uns danach an einem Schatzgräberwettkampf, bei dem wir eine Wasserarmbanduhr und dann eine Plastikpuppe zutage förderten, und ließen uns schließlich von einem dicken, roten Mann beschwatzen, uns das Windhundrennen am ruhigen Strand anzuschauen, wenn wir die Ohren spitzten – sagte er –, könnten wir die Musik aus den Lautsprechern bereits hören. So war es. Wir betraten die mit Seilen abgesperrte Fläche, wo uns der Mann, nachdem er uns Eintrittskarten, Eis und Sonnenhüte aus Stroh gekauft hatte, schon sehr bald im Spektakel der Hunde und der flatternden Fahnen verlor. Wir schauten den dahinhetzenden Viechern zu und ergriffen Partei für einen großen Grauen mit grüner Rückendecke. Er siegte tatsächlich.

Als wir am späten Nachmittag nach Hause kamen, waren unsere Brüder und Nadine im Garten beschäftigt. Der Rasen war bedeckt mit blinkend weißer Wäsche, und an drei Leinen bewegten sich die Laken steif im lauen Wind. Tony half unserer Stiefschwester, die Wäsche abzunehmen. Hippolyte hatte die blaurote Luftmatratze ausgerollt, er hatte sie aufgeblasen und sah jetzt nach, wo sich die Löcher befanden. Wir lungerten einen Augenblick auf der Terrasse herum, gähnend und noch ganz träge vom Meer. Dann mußten wir beide an die Zeitung denken, die drinnen zusammengefaltet auf der Türmatte lag.

Dreister Raub, lasen wir, über den kleinen Tisch im Wintergarten gebeugt. *Zwei Männer drangen heute nacht in ein Haus am Koepelweg ein, nachdem sie ein Fenster samt Rahmen aus der Mauer gestemmt hatten. Ein Bewohner, der gegen zehn vor eins nach dem Rechten sehen wollte, wurde nach gezielten Schlägen gezwungen, die Tür seines Tresors zu öffnen. Er wurde auch mit einer Handfeuerwaffe bedroht. Unsanft an einen Eichentisch gefesselt und völlig verstört, mußte er zusehen, wie die Täter nach einem Griff in die Schmuck- und Geldfächer spurlos in der Nacht verschwanden.*

Hungrig und mit dem Gedanken, ob wohl noch ein paar Flaschen Perl im Kühlschrank lagen, sahen wir auf. Sie waren noch immer nicht fertig. Über dem einen Arm die Kissenbezüge, den anderen nach den Geschirrtüchern auf dem Gras ausgestreckt, ging Tony mit vorsichtigen Schritten umher. Hippolyte saß zusammen mit unserer Stiefschwester neben der Luftmatratze. Ernst blickte er in Nadines verweintes Gesicht, die zurückblickte und nickte. Ja. So wird's gemacht. Erst schneiden wir die Flicken zurecht. Dann schmieren wir Kleber um die Löcher, legen die Flicken darauf und drücken sie mit dem Handballen gut zwei, drei Minuten lang fest an.

Weihnachten

Als Victor die Lammkeule in den Backofen schob, hörte er das Wasser strömen. Ihr Badewasser. Es gluckerte durch das graue Rohr, das neben dem Kamin aus der Decke ragte, durch die ganze Küche lief und unter der Spüle zusammen mit den anderen Abflußrohren in die Kanalisation mündete.

»Noch eine halbe Stunde«, sagte er leise.

Länger brauchte sie nicht, Paul hin, Paul her. Sie würde sich in aller Ruhe abtrocknen und anziehen. Bildschön würde sie auf der Bildfläche erscheinen. Was soll ich anziehen, hatte sie ihn mittags gefragt, diese weite schwarze Hose?

Er fing an aufzuräumen. Die Küche war klein und ziemlich unpraktisch, die Arbeitsplatte selbst für Marilou zu niedrig. Er stellte die Töpfe mit getrocknetem Thymian und Basilikum auf die Fensterbank zurück, vor das schwarze Dezemberfenster, und starrte kurz hinaus. Unter der Laterne auf dem Parkplatz wirbelte ein Schneeschleier. Auf der Straße war kein Mensch. Warmes Licht lungerte lustlos hinter den beschlagenen Scheiben auf der gegenüberliegenden Straßenseite herum. Wenn dieser Mistkerl nur rechtzeitig kommt, dachte er.

Er war gerade dabei, eine Serviette auf dem dritten Teller zu falten, als sie ins Wohnzimmer trat. Dieser Duft war ihm noch immer nicht ganz vertraut, er gehörte zu ihrem immer länger werdenden Haar, wie war das möglich nach all den Jahren, und dann dieser schwache rote Schimmer, zu den silbernen Seepferdchen in ihren Ohren, nein, nein, keineswegs, sie hatte sie selbst bei Meyer gekauft, und zu ihrem Geschmatze und Gemurmel neuerdings im Schlaf.

Ernst blieb sie stehen, um sich von ihm betrachten zu lassen. Sie trug ihr Seidenkleid. Paul mochte keine Hosen.

»Hübsch«, sagte er.

»Was meinst du, Victor«, sagte sie, nachdem sie sich sekundenlang angestarrt hatten, »soll ich schon mal die Sahne schlagen?«

Etwa zehn Minuten lang hantierten sie beide in der Küche herum. Sahne schlagen, eine Zitrone auspressen, Schnittlauch und Petersilie zu feinem grünem Grus mahlen. Sie waren auf den engen Raum eingestellt und kamen sich überhaupt nicht ins Gehege. Marilou ließ ein Messer fallen, und er hob es für sie auf und spülte es ab, er hockte sich vor den Backofen, und bevor er die Tür auch nur berührt hatte, reichte sie ihm bereits den wattierten Handschuh, »Pardon«, sagte er, als er über den Kopf seiner Frau hinweg in den Schrank griff, um das Maizena herauszunehmen. Ohne die leiseste störende Bewegung, mit der Präzision eines Pas de deux, legten sie auch heute abend letzte Hand an das Essen.

»Ich hoffe, er wird durch den Schnee nicht aufgehalten«, sagte Marilou. Ihre Hüften wackelten leise im Takt des schlagenden Handgelenks.

Genau in diesem Augenblick klingelte es. Sie lachten beide. Marilou band sich die Schürze ab.

»Hoffentlich hat der Trottel daran gedacht, ihr Blumen mitzubringen«, murmelte Victor auf dem Weg zur Diele.

Er mußte fest zupacken – durch die Kälte hatte sich das Holz verzogen –, bevor die Tür mit einem Schrei aufsprang. Ein eisiger Luftstrom zog ins Haus.

»Hallo.«

»Hallo, Paul!«

Die beiden Männer schüttelten sich die Hand, ein Strauß Rosen wurde auf das Tischchen gelegt, damit man Paul aus dem Mantel helfen konnte, die Tür war bereits wieder zugedrückt, und da kam Marilou, der große Mann küßte sie auf beide Wangen, und sie verbarg das Gesicht in den Blumen, roch und schnupperte und legte in ihre Augen den Ausdruck einer Frau, die verflixt gut weiß, warum ihr auf diskrete Weise Ehre erwiesen wird.

Getrennt durch Beistelltischchen, standen drei Sessel um das kräftig weiß und rot glühende Kaminfeuer, das Victor bereits am Nachmittag angezündet hatte. Aus den Lautsprecherboxen erklang Woody Herman, ein Close-harmony-Stück mit drei Saxophonen. Für nachher, bei Tisch, lagen Peggy Lee, June Christie und Astrid Gilberto bereit, sinnliche Musik, fast ein wenig weinerlich, aber, so dachte Victor, der Burgunder wäre genau der richtige Ausgleich. Und nach dem Essen vielleicht Piazzolla. Manchmal wollte sie tanzen.

Marilou führte ihren Gast hinein, die Finger an seinem Ellbogen. Ohne sich umzuschauen, leicht seufzend, setzte er sich in den Sessel, auf den sie deutete. Sie konstatierten beide: Er befand sich in einer seiner lustlosen Stimmungen.

»'n kleinen Whisky, Paul?« schlug er vor.

Paul sah auf.

»Soll ich?«

Sie tranken still, als fänden sie es angenehm, eine Weile ohne Konversation der Musik zu lauschen. Victor sah zu seiner Frau, die sich mit einem Lächeln in aller Gemütsruhe zurücklehnte. Diese Ruhe hatte ihn vom ersten Tag an angezogen – und nicht nur ihn, alle Angestellten in der Bank fühlten sich wohl in ihrer Gesellschaft. Man wußte einfach, daß sie sich über nichts wunderte, sie nahm einen so, wie man war, ohne Hintergedanken, ohne heimlichen Spott.

Sie legte die Lippen wieder genau auf den kleinen roten Mond am Rand ihres Glases. Das mußte er Paul lassen, sie wurde immer hübscher. Als er sie kennengelernt hatte, war ihr Körper auch mollig, aber weicher, weniger stolz. Auf dem Platz vor der Bank ...

Sie kramte in ihrer Tasche. Dann streckte sie Paul den gespitzten Mund samt Zigarette entgegen. Vielsagend genug. Dennoch dauerte es noch einen Moment, bis der Döskopp merkte, welche Geste von ihm erwartet wurde.

Der Funke flammte in ihren Augen auf.

»Danke dir.«

Ihre gesenkte Stimme und das Lächeln schienen ihm total verschwendet.

... Der Platz vor der Bank, auf dem die ganze Woche Kirmes gewesen war. Jetzt verlassen, in der herrlichen Mainacht. Geruch von Öl, zertrampelten Blumen, Bückling. Ab und zu ein streunender Hund. Und sie beide: ein Pärchen zwischen den Buden. Auf dem Boden Papier, bunte Federn, Sägespäne. In diesem Traumbild kommen sie auf die Idee, durch einen Spalt in der Plane hineinzukriechen, sie vorneweg, die Kassiererin in ihrer weißen Bluse, die verbeulten Dosen hat man da einfach liegengelassen. Wer wollte die auch schon wegnehmen? Sie flüstern. Komm! Er lacht nervös. Unter der Plane verborgen, aber notgedrungen hastig, winden sie sich in eine Umarmung. Jeden Moment kann der Vorhang beiseite geschoben werden, hier sehen Sie die Büchsen, die Schießscheiben, die Dosentürme, man drängelt, man strengt sich an, es ist jedesmal ein Treffer, aber im Grunde geht es um die Ehre. Seine Verzweiflung, die sie für Verlegenheit hält. Das macht doch nichts? Das ist doch erst der Anfang? Das ist doch das berühmte erste Mal? ...

Sie gaben sich ein Zeichen.

»Laßt uns zu Tisch gehen.«

Er zündete die Kerzen an. Marilou schob die weißen Narzissen zur Seite.

»Setz dich hierher, Paul«, sagte sie. »Dies ist dein Platz.«

Einen Augenblick mußten sie ihn allein lassen, sie richtete in der Küche den Lachs an, und er holte den bereits geöffneten, aber noch kühl gestellten Mosel. Aus dem Zimmer drang plötzlich Totenstille. Die Platte war zu Ende. Sie beeilten sich ein wenig. Als sie wieder hineinkamen, fielen ihnen beiden der schwere, leicht gebeugte Rücken und die reglose Hand auf dem Leinen auf. Jemand, der wartete. Vielleicht nicht einmal auf sie.

»So!«

Marilou stellte die geschmackvoll garnierte Schale auf den Tisch. Victor ging zum Plattenspieler.

»Worauf wollen wir trinken?«

Feierlich lächelnd sahen sie einander an.

»Fröhliche Weihnachten«, ertönte es dreimal.

Die Vorspeise wurde gelobt. »Möchtest du Toast?« wurde gefragt, und: »Nimm noch etwas.« Sie reichten einander die Schale. Währenddessen sang eine gepreßte Frauenstimme *»A sleepin' bee«*. Sie wurde von einem Orchester mit Geigen begleitet.

Paul begann sich umzusehen.

»He«, sagte er.

Sie folgten seinem Blick und lachten. In der Ecke am Fenster stand auf einem Ständer eine geschmückte Schneiderpuppe. Die Figur mit Marilous Maßen – sie nähte sich ihre Sachen selbst – war über und über bedeckt mit Lametta und behängt mit Girlanden bunter elektrischer Weihnachtsbaumbeleuchtung.

»Sie hatte dieses Jahr keine Lust auf einen Weihnachtsbaum«, sagte Victor.

Zu seiner Erleichterung stellte er fest, daß ihr Gast allmählich etwas lockerer wurde. Einmal kam er sogar auf die Idee, Marilous Glas vollzuschenken, wobei er sich ihr zuwandte und ihr einen Augenblick voll ins Gesicht sah. Mit einemmal verriet die Bewegung der breiten sauberen Hand die Existenz all jener anderen Griffe und einschlägigen Handlungen, und Victor bekam eine Ahnung von den verborgenen Fähigkeiten, über die der andere Mann verfügen mußte.

»Auf dich«, sagte Paul, unerwartet höflich, zu Marilou.

»Auf euch«, antwortete sie. Sie sah vom einen zum anderen.

Das Gespräch kam auf die Bank. Wie war es nur möglich, meinte Paul, daß alle den Umbau akzeptiert hatten.

»Alle zusammen in *einem* Raum. Wie kommen die bloß auf die Idee?«

»Mich stört es nicht«, sagte Victor. »Was ich nicht verstehe, das sind diese tropischen Pflanzen zwischen den Schreibtischen.«

Victor sah, wie die Augen gegenüber stumpf wurden, gerade eben noch kein Gähnen. Nein, natürlich wußte er nichts davon. Er, Leiter der Anlageabteilung, hatte sein Privatbüro behalten. Eine wichtige Position. Wenn er nicht so ein ungehobelter Kerl wäre, hätte man ihn schon längst zum Direktor gemacht. Ein Virtuose. Keiner ihrer Kunden hatte einen Schaden erlitten, als es zum Börsenkrach kam.

Victor stand auf.

»Entschuldigt mich mal eben.«

In der Küche griff er nach einem langen Metallspieß. Die Lammkeule war gar. Er sah sich um. Wo war der Rechaud, natürlich schon drinnen. Ja, mit dieser mürrischen Miene stand er seiner eigenen Karriere im Weg. Und immer dieses Herumkritisieren, das stieß doch jeden ab, als Kollege war er einfach unmöglich. Die Pfefferminzsoße war reichlich würzig, er mag keine scharfen Gerichte. Nur zu ihm, Victor, kam er noch gelegentlich, um ein paar griesgrämige Bemerkungen loszulassen. In der Regel machte er jedoch den Eindruck, die Welt könne ihm gestohlen bleiben. Um Marilou, hübsch zurechtgemacht, gewandt, freundlich hinter dem kugelsicheren Glas der Kasse, kümmerte er sich nie. Das könnte man als korrekt bezeichnen.

Er trat ins Zimmer, nachdem er die Tür vorsichtig mit dem Knie aufgedrückt hatte. Sie hatte den Kopf auf seine Schulter gelegt.

... Sie hat den Kopf auf seine Schulter gelegt. Er lenkt geschickt mit einer Hand. Den Duft seiner Zigarette mag sie. Diese Dinge stimmen einfach. Zu dem Park führen kleine Asphaltwege, sie rollen, gleiten zu der Stelle, an der sie sich verabredet haben. Und alles grün, natürlich, Anfang Juni hat man diese halb hellen, halb dunklen Abende. Steht dieser Kerl vom Gartenamt doch da und schließt die Tore zum Park. Das ist neu. Der Mann weiß, was sie vorhaben, fährt aber ruhig mit seiner Arbeit fort. Verriegelt gebeugt, mit dem ganzen Körper mitziehend, den Eingang. Jetzt verwandelt sich das eigentlich nur zaghaft für tauglich befundene Gelände vor ihren Augen, unerreichbar, verloren. Man fürchtet bestimmt die Übernachter, die Raucher, den Schmarotzertourismus, der sich über alles hinwegsetzt. Pech gehabt. Später zieht er sie trotzdem auf sich, sie findet's ganz nett, den unpraktischen kleinen Raum, sie lacht leise, selbstbewußt, er sieht ihre Schultern, aber es wird jetzt doch rasch dunkler, in äußerster Konzentration schließt er die Augen. Wie fandst du es, würde er sie gern fragen. Sie rücken auseinander. Er ist beunruhigt. Marilou? fängt er an ...

Einen Augenblick lang gingen sie wieder hin und her.

Die Platte mußte umgedreht, der Châteauneuf eingeschenkt werden. Sollen wir lieber die großen Gläser nehmen? Marilou stellte ein paar leckere Beilagen auf den Tisch, in Portwein gedünstete Birnen, eine kleine, gehäufte Schale mit Wintergemüse.

»Das sieht ja wie eine Baskenmütze aus«, sagte sie schmunzelnd.

Ein Gespräch kam jedoch kaum in Gang. Paul war nicht der Mann, den man fragt: »Erzähl mal was aus deiner Jugend« oder: »Wer war deine erste Liebe?« Und er wiederum, ach, es war doch auch undenkbar, daß ihr Geschwätz ihn interessieren würde. Mit alten Filmen kannte er sich recht gut aus.

»La Femme dans l'eau?«

Sie schüttelten betreten den Kopf.

»The Hired Man?«

Auch nicht.

Victor fing Marilous unbehaglichen Blick auf. Sie hatte sich so auf diesen Abend gefreut. Jetzt, nach einer ordentlichen Zahl von Gläsern, schien ihre Temperatur so hoch, daß er die Glut über den Tisch hinweg zu spüren glaubte. Das hatte schon in der Nacht angefangen. Wie immer vor einer Begegnung mit ihm, setzte sich die zunehmende Spannung ihres Körpers in pure Wärme um. Weißt du, hatte sie ihm anvertraut, er findet es am angenehmsten, mich hier, bei uns zu Hause, zu treffen.

Sie leerte ihr Glas in einem Zug. Aber Paul sah doch wahrhaftig zerstreut auf seine Uhr!

Victor griff nach einer neuen Flasche.

»Los, Paul. Trink aus!«

Die Waage begann sich zur richtigen Seite zu neigen. Aus den Boxen klang ein Samba, sie konnte nicht mehr recht stillsitzen, die Schneiderpuppe war doch eigentlich wahnsinnig witzig, sagt mal, riecht ihr die Narzissen, und Paul legte ein paarmal zielbewußt seine Hand auf die ihre, während er eine kurze Inhaltsangabe eines Films gab.

»... weiß er noch nicht, daß die Tochter dieses Puppenmachers den Platz der lebensgroßen Puppe eingenommen hat. Er benutzt ihren Kopf sogar als Garderobe! Also, und dann ...«

Plötzlich sah sie Victor an. Ihre Schläfen schimmerten feucht. Ihr Mund war rot und geschwollen.

»Was meinst du«, fragte sie ihn, wobei sie Paul einfach unterbrach. »Ob wir diesen Winter noch Schlittschuh laufen können?«

Er kniff die Augen zusammen. Manche Dinge versteht sie einfach.

... Man kann es eine ganze Weile vermeiden, aber früher oder später ist es doch üblich, daß die Umarmungen in weiches Leinen, auf eine federnde Matratze, in Daunen, in Wolle gebettet werden: Jetzt ziehen wir uns ganz aus, das ist doch klar. Er langt noch schnell zum Lichtschalter, aber das ist wahrscheinlich zu blöd, womöglich sogar beleidigend. Sie kniet über ihm und hat von ganz allein begriffen, daß sie ihre Arme fest um ihn schlingen muß, halt mich fest, sagt er erstickt an ihrer Brust, und sie flüstert, ja! ja, mein ganzes Leben lang!, denn sie glaubt, daß er das meint, aber er denkt in diesem Moment, daß er nur jetzt gerade ein wenig Angst hat. Später sagt sie: Bin ich etwa auch so rot? Du glühst, als wärst du stundenlang Schlittschuh gelaufen ...

»Aber ja!« sagte er. »Weite Teile des Braassem sind jetzt schon zu.«

Sie sahen sich weiter in aller Gemütsruhe an, ohne auf Paul zu achten, der den Film bis zum Ende erzählte. »Klingt ziemlich blöd, findest du nicht?« fragte sie ihn stillschweigend.

Während des Desserts waren sie alle drei schweigsam,

müde von der Wärme und vom Essen. Marilou knackte Walnüsse mit den Händen, sie war stolz auf ihre Kraft. Paul schlug den Kaffee aus. Er fürchte, sonst nicht schlafen zu können.

»Laß uns doch einen Tango auflegen«, sagte Marilou.

Bei den ersten Klängen des Akkordeons zog sie Paul hoch. Folgsam schmiegte er sich an sie. Es lief gut, sah Victor, Marilou hatte ganz schön einen sitzen, was bei ihr ja nichts schadete, und Paul war so gespannt wie eine Feder, er würde sich, einer für ihn geltenden Mechanik gehorchend, mit ihr drehen und zum vorgesehenen Zeitpunkt ablaufen.

Victor stützte die Ellbogen auf den Tisch, rauchte und trank. Die weinerliche Musik machte ihn nervös. Diese Klänge fielen aus der Norm. Er sah zu dem tanzenden Paar. Gut in Schwung. Sie schienen schlafzuwandeln, schlafzutanzen. Ohne eigenes Zutun schienen sie die geeigneten Bewegungen zu kennen. Durch die Wimpern betrachtet, waren sie ein schrumpfendes und sich ausdehnendes Insekt mit schwarzen Flügeln.

Sie winkte ihm.

»Komm auch.«

Warum nicht? Er legte seine Zigarre beiseite. Die Hände auf ihren seidenen Hüften, postierte er sich auf ihrer Seite hinter dem tanzenden Paar.

Sie drehten sich in schmissigen Figuren, manchmal erstarrten sie in einem Tableau vivant, Marilou, ausbalanciert zwischen den beiden Männern, hielt ohne Anstrengung ihren Kopf einen halben Meter über dem Boden, wie es bei diesem Tanz erforderlich ist.

In einem bestimmten Moment, als er in eine etwas zu großzügig ausgefallene Umarmung ihres Gastes mit einbezogen wurde – und das ist eigentlich ganz hübsch, Marilou, dieser grobe Mann drückt mich fest an dich, wie ein tropisches Baby liege ich an deinem wogenden

Rücken –, meinte Victor in den erweiterten Pupillen des Fremden ihr Gesicht zu sehen. Ihr intimes, sich vor Lust auf die Lippen beißendes Gesicht. Es war niemand anderem als ihm, Victor, zugewandt.

Er war kurz draußen gewesen, und als er ins Zimmer zurückkam, waren sie verschwunden. Die Musik lief noch in voller Lautstärke, daher hatte er nichts davon gemerkt, sie waren also schon nach oben gegangen. Die Katzenklappe ging auf und wieder zu, die Katze kam ins Haus, die merkte immer schnell, wenn die Luft wieder rein war. Er schaltete den Plattenspieler aus und fing an aufzuräumen.

Oben an der Treppe, er war auf dem Weg ins Bett, schoß die Katze an seinen Beinen vorbei. Mit einer raschen Bewegung bekam er sie doch zu fassen, er brachte das Tier in seinen Korb im Wohnzimmer zurück. Als er zum zweitenmal oben angelangt war, mußte er sich auf dem Flur vorbeugen, um seine Schuhe aufzumachen, die von einem Moment zum anderen angefangen hatten zu drücken. Es war absolut still hinter der Schlafzimmertür. Plötzlich durchfuhr ihn ein scharfer Schmerz. Es begann in den Fingern und Füßen und zog durch alle Gelenke seines Körpers.

Der Trottel wird doch wohl nicht einfach eingeschlafen sein?

Er stieg die Treppe zum Dachboden hinauf.

Da schnitt ihm die Eiseskälte den Atem ab. Er hatte vergessen, das Fenster in dem kleinen Raum zu schließen. Verstört stand er an der Schwelle. Ohne Licht zu machen, sah er die Matratze auf dem Fußboden, den rotkarierten Schlafsack darauf und, bis zur schrägen Decke gestapelt, die sorgsam aufbewahrten Jahrgänge der Zeitschrift für Naturschutz. Es war eine klare Nacht.

Die Brust an den Fensterrahmen gedrückt, sah er hinaus. Aller Rauch, aller Alkohol strömte aus ihm heraus und auch, vielleicht damit verbunden, aller Wirrwarr seines Bewußtseins. In den totenstillen Gärten gegenüber standen lichtergeschmückte Tannen. Ihre Schatten huschten über den Schnee, und ihre Funken zogen Streifen, verschwanden manchmal kurz und kehrten wieder zurück. Und auch weiter weg, seitlich, in der Tiefe, ragten sie auf, diese Türme aus Licht, im Wind schwankend oder intimer, verträumter, hinter den Fenstern der Häuser und Wohnungen, Straße um Straße, bis in die Außenbezirke, bis zum Rand des eisigen Polders. Dann wurde sein Blick noch schärfer. Mit zunehmender Geschwindigkeit füllte sich die Leere mit Licht. Victor, obskurer Mittelpunkt eines unbegreiflichen Systems, hatte die Augen zum Nachthimmel aufgeschlagen.

Malikiki

Von jenem Tag sollte ihr später nur noch ihr weiß-schwarz karierter Tellerrock und der warme Spatzengeruch von Loulous Haar in Erinnerung sein. Alle anderen Einzelheiten jenes herrlichen Julitags waren in diesen beiden klaren Erkennungszeichen untergegangen. Was nicht hieß, daß es sie nie gegeben hatte.

Es war kurz vor den Sommerferien. Um halb acht in der Frühe schob ich den Vorhang zurück und sah sofort, daß es sehr heiß werden würde. Der Fußballplatz hinter dem Haus dampfte in der Sonne. Vor dem Spiegel zog ich meine weiße Bluse und den von mir in der Schule selbst genähten Tellerrock aus dünner karierter Baumwolle an. Ich schaute. Mochte mein Körper auch mager und ungelenk sein, vom Gesicht, so fand ich, war mein Alter sehr gut abzulesen. Zwölf Jahre. Nachdem ich mir Nase und Wangen gepudert hatte, ging ich in das Zimmer meiner Oma. Sie würde wohl fertig sein, vermutete ich. Das Geballere von Loulous Absätzen war schon eine ganze Weile zu hören gewesen.

Loulou ballerte mit den Absätzen ihrer Nagelschuhe gegen das Bettgestell. Obwohl ich die Tür zum Flur offengelassen hatte, sah ich zunächst nichts. Meine Oma hielt es nicht für nötig, die Vorhänge aufzumachen, im Bett sitzend kämmte sie Loulous Haare nach Gefühl. Sie war Expertin im Entwirren des farblosen Flaums, der den Kopf meiner Schwester morgens wie die Unterseite eines Spatzenleibs aussehen ließ.

»Sag mal, Ada«, drang die Stimme meiner Oma aus dem Dunkel, »bei dem Wetter brauchst du doch keine Socken?«

Sie hatte es also geschafft, durch ihren Altfrauengeruch hindurch das Sonnenlicht zu erschnuppern.

»Nackte Füße sehen jämmerlich aus«, sagte ich.

An der Tür blieb ich stehen. Nach und nach begann meine auf der Satindecke zusammengekauerte Schwester Gestalt anzunehmen. Ich sah jetzt auch vage die Bewegungen hinter ihrem Rücken. Und das Gezappel ihrer Füße. »Laß das!« hatte meine Oma vor einigen Jahren, zu Beginn der Haarekämmerei, zu ihr gesagt. Worauf Loulou den Befehl höchst interessiert, mit ersticktem Lachen, drei- oder viermal wiederholt hatte, ohne auf die Idee zu kommen, ihre Füße still zu halten.

Nun war das Rascheln des Haarbands zu hören und dann die zufriedene Stimme: »So. Fertig. Geh jetzt mit Ada hinunter.«

Langsam gingen Loulou und ich die Treppe hinunter, ich voran, wie meine Mutter es nun mal wollte. Vor allem die obersten Stufen waren stark gewendelt, meine Mutter sagte, es wäre nicht das erste Mal, daß jemand hier hinunterpurzelte. Als besäße Loulou nicht das erstaunlichste Gleichgewichtsgefühl, von dem wir alle je gehört hatten! Ich sah mich um. Sie stand vor- und zurückschaukelnd mit weit zurückgelegtem Kopf auf einer der mittleren Stufen und kippelte mit ihren festen Schuhen auf dem äußersten Rand.

»Beeil dich ein bißchen, Loulou«, sagte ich.

Mein Vater saß ganz allein am Frühstückstisch. Die Zeitung lag ausgebreitet in dem ganzen Durcheinander zwischen den schmutzigen Tellern, das meine beiden Brüder vor ihrem Aufbruch hinterlassen hatten. Die Sonne fiel auf die Nickelteekanne und das Besteck, auf die Teegläser und die Teller, die für meine Mutter und meine Schwester Paula bereitstanden, wenn sie frühestens in einer halben Stunde herunterkämen, und für Loulou und mich.

»Jaaa-kop!« schrie Loulou.

Mein Vater hatte gerade noch rechtzeitig die Brille abnehmen können, bevor sie sich in seine Arme warf. Er drückte seine große Nase an ihren Hals und schnaubte so geräuschvoll wie ein Pferd.

Es war meine Aufgabe, sie zum Essen zu bewegen. Ein Zwieback oder ein dünnes Butterbrot, das klappte meistens, aber mit der Milch gab es Probleme. Ich setzte sie auf einen Stuhl und fing sofort an. »Milch«, sagte ich im Erzählton, während ich einen Becher vollgoß, »kann dafür sorgen, daß du dingdalidongrote Augen bekommst. Der Dingdalidongdoktor hat gesagt, daß deine Augen zu weiß sind, aber« – und hier wartete ich einen Moment und zog, um sie zum Lachen zu bringen, meine unteren Augenlider mit den Zeigefingern herunter – »mit dieser Dingdalidongmilch ändert sich das ganz fix!«

Sie hörte mich ungerührt an. Loulou war eine schlechte Esserin, sie hatte kein rechtes Interesse daran. Oft kam es darauf an, die richtigen Gesichter zu schneiden und vor allem: die richtigen Worte zu finden. Loulou war nicht immer einverstanden mit unseren Worten. Genauso wie sie auch nicht damit einverstanden war, daß unser Vater, nach dem sie ja getauft war, Louis hieß. Ich sah in ihr blasses Gesicht und ihre blassen Augen und auf ihr fahles kurzgeschnittenes Haar, in das meine Oma doch tatsächlich eine große, steife rote Schleife gebunden hatte. Es sah fast so aus, als hätte sich alle Farbe aus ihrem Körper in diesem Rot auf ihrem Kopf geballt.

Ich hielt ihr den Becher vor die Nase.

»Na, komm schon, Loulou«, drängelte ich. »Milch ... Millich ... Mallich ... Malik ... Malikiki ...«

Jetzt glitten ihre Augen flüchtig über mein Gesicht.

»Malikiki«, sagte ich noch einmal, und ich sah, wie sich ihre Augen nach oben hin verdrehten. Dann erklang ein ausgelassenes Lachen aus ihrer Kehle.

»Ma-li-ki-ki«, stammelte sie, als sie sich wieder beruhigt hatte.

Ich nickte.

»Ja. Malikiki.«

Sie grabschte nach dem Becher in meiner Hand und trank ihn hastig, stark kleckernd, aus. Und dann hielt sie ihn mir wieder hin, voller Ungeduld, während ich nach der Milchflasche griff. Das macht ja zusammen schon einen halben Liter, dachte ich zufrieden. Wieder trank sie den Becher in einem Zug aus, den Kopf weit zurückgelegt für die letzten Tropfen, und brauchte danach bestimmt eine Minute, bis sie wieder zu Atem gekommen war. Das Wort sorgfältig aussprechend, völlig darauf versessen, sagte sie dann: »Malikiki!«

Mein Vater, der gerade die Brotdose und die Zeitung in seine Aktentasche packte, sah auf.

»Malikiki«, bestätigte er.

Wir brachen alle drei in Gelächter aus.

Als ich mittags nach Hause kam, waren die orangefarbenen Markisen heruntergelassen. Hinter der welligen schwarzen Gaze der Fliegengittertüren glänzte der Garten – Rasen und Blumen –, ich bewegte den Kopf von links nach rechts und ließ alles hin und her springen. Im Haus hing ein Geruch nach Melonen.

Meine Mutter stand in der Küche und zerteilte mit einer Schere ein großes gebratenes Huhn. Sie gab mir einen Flügel.

»Da«, sagte sie. »Wie war es in der Schule?« Kurz darauf kam meine Oma herein, sie hielt eine Holzschüssel an die Schürze gedrückt. Sie setzte sich, das lahme Bein ausgestreckt, an den Küchentisch und begann zu schlagen: Eigelb, zerstampfte Kartoffeln, Senf, schwarzer Pfeffer, Öl. Währenddessen dachte sie an meinen Tellerrock, denn mit einemmal sagte sie, ohne aufzuschauen: »Du bist ein fixes Ding.«

Meine Brüder kamen, und wir gingen zu Tisch. Mir fiel auf, daß Loulou fehlte.

»Wo ist Loulou?« fragte ich.

»Sie hing so rum«, sagte meine Mutter. »Paula hat sie in den Schlaf gesungen.«

Bei uns daheim war Paula diejenige, die sang. Ich war nicht scharf auf ihre rührseligen Lieder. *Was ist das da, du kleine Maus … kommst du jetzt aus der Heia raus …* Danke bestens. Loulou dachte genauso. Paula legte sie ins Bett, zog sie dicht an sich und begann, die zittrigen Töne ganz nah an ihrem Ohr auszuhauchen. Binnen weniger Minuten schlief Loulou. *Ich hab keine Angst vor dem bösen Wind … erzähl vom Frühling meinem lieben Kind …* Auf dem Weg in mein Zimmer konnte ich durch die offene Tür Paulas nach oben gedrehte Hüfte, ihren Petticoat und die dünnen braunen Beine sehen. Kannst wieder runtergehen, Paula, du hörst doch, daß sie schon schnarcht wie ein Walroß.

Meine Mutter schenkte meiner Oma gerade ihr Gläschen Zitronengenever ein, als wir die hintere Pforte zuschlagen hörten. Jemand rannte durch die Küche ins Haus, und ja, da stand unsere Nachbarin von gegenüber auf der Schwelle. Völlig verdutzt betrachteten wir die keuchende Frau. Sie zeigte mit dem Finger nach oben, konnte aber zunächst kein Wort herausbringen. Wir kannten sie kaum. Die Bewohner der beiden Seiten unserer Straße hatten wenig Kontakt miteinander. Erstens war die eine Seite protestantisch und die andere katholisch, und außerdem fanden die meisten es ziemlich lästig, sich durch die störrischen, kurzgeschorenen

Hecken, welche die beiden Fahrbahnen voneinander trennten, durchzuzwängen. Ich glaube, diese Frau hieß Hazewind oder Hazebroek.

Schweigend tauschten meine beiden Brüder ihre Zigaretten und das Feuerzeug aus. Vom Sportplatz hinter dem Haus klang schwacher Jubel herüber.

»Loulou!« schrie die Frau. »Da oben ...!«

Meine Mutter sah mich an.

»Geh du mal nachsehen, Ada«, sagte sie ruhig.

Ich ging die Treppe hinauf und öffnete geräuschlos die Tür zum Schlafzimmer meiner Eltern, wo Loulou immer lag, wenn sie tagsüber schlief.

Sie stand schaukelnd im offenen Fenster. Die festen Schuhe auf dem stählernen Sims, den Rücken mir zugewandt, balancierte sie mit gebeugten Knien langsam, äußerst kontrolliert zwischen Drinnen und Draußen. Zwischen Sonne und Schatten. Zwischen Himmel und Erde.

Atemlos blieb ich stehen. Ich wußte, was für ein Ausdruck auf ihrem Gesicht lag. Ich erinnerte mich genau an ihre weit weggedrehten Augen und das schwache Lächeln um die Lippen, wenn sie auf der Sessellehne in der Diele, auf den Treppenstufen, auf der Schiene der Schiebetüren schaukelte.

Jetzt waren ihre Bewegungen intensiver. Ich verfolgte sie. Ruhig, unbeirrt schwang sie nach unten, gab sich dann ganz kurz dem Moment des Stillstands hin – den die Straße und die Steine zweifellos dazu zu benutzen versuchten, selbst in Bewegung zu kommen – und taumelte, gerade rechtzeitig, wieder zurück in die Sonne, den blauen Himmel, den warmen Schatten des Hauses ... dies war Glück.

Mit wenigen Schritten war ich bei ihr.

»Unartiges Mädchen!«

Meine Arme hielten sie umklammert. Ich zog sie von

der Fensterbank, und wir fielen zusammen auf das federnde Bett. »Arti Mädchen, artiarti Mädchen«, wiederholte sie kreischend vor Lachen.

Ich muß ganz kurz eingeschlafen sein, denn plötzlich sah ich meine Mutter im schneeweißen Unterrock am Waschbecken stehen. Loulou war weg. Meine Mutter zog sich die beiden Kämme aus der Frisur, und ihre Haare fielen herab. Im Spiegel suchte sie meine Augen.

»Es ist fast Viertel vor zwei«, sagte sie.

Ich drehte den Kopf beiseite, zum Fenster, das noch immer weit geöffnet war, und zum Sommernachmittagsblau, das aus allen Nähten zu platzen begann.

»Heute nachmittag haben wir Slijkhuis«, schoß es mir durch den Kopf.

Einmal pro Woche hatten wir Sechstkläßler Französisch. Der Rektor, ein bedächtiger Mann mit einem dicken Wust von grauem Kraushaar zu beiden Seiten des Kopfes, räumte dann sein Pult, warf einen scharfen Blick auf die Schülerreihen, mit dem er jedem von uns persönlich eine Warnung einzuimpfen schien, und überließ uns dem Fachlehrer.

Der hieß Dijkhuis, wir nannten ihn Slijkhuis, er konnte nicht Ordnung halten. Das Fatale an dem langen, dünnen Mann schien sich in meinen Augen auf merkwürdige, aber vielsagende Weise in den Fältchen rund um den mittleren Knopf zu offenbaren, mit dem sein Jackett geschlossen wurde. Sein Körper schien kurz davor, an diesem Punkt zusammenzuklappen.

»Das ist ein richtiger Lulatsch«, hatte mir Trini Alkemade, meine Banknachbarin, während einer der ersten Unterrichtsstunden zugeflüstert.

Ich glaubte, sie nicht richtig verstanden zu haben.

»Ein was?« fragte ich.

»Ein Lulatsch!«

Lulatsch. Dieses Wort hatte ich noch nie gehört. Es hatte irgend etwas Schreckliches, etwas schrecklich Leichtherziges, das ich nicht verstand.

»Ein Lulatsch?« wiederholte ich.

Sie deutete nickend vor sich, und ich folgte ihrem Blick zu dem grauen Mann an der Tafel, der damals bereits Slijkhuis hieß.

»Ja«, sagte sie. »Ein Lulatsch. Das ist so 'ne Bohnenstange.«

Ich sah zwar, was sie meinte, aber das Wort blieb mir unklar.

Plötzlich hatte er mit dem Holzlineal an die Tafel geschlagen.

»Ruhe da!«

Tatsächlich blieb es einen Augenblick ruhig, bis Trini Alkemade in vorwurfsvollem Ton sagte: »Mijnheer, Sie erschrecken mich ja!« und die ganze Klasse losplatzte.

Im Laufe des Jahres wurden wir zu kühlen Zeugen der Taktiken, die er sich daheim ausdachte, um uns unter Kontrolle zu bringen. Einmal ging er soweit, uns ein Lied von Yves Montand vorzusingen, lauthals mit überraschenden Armbewegungen, und erst, als er auf unsere Bitte zum viertenmal wieder von vorn anfing, begann seine Stimme zu zögern. Mal gab er uns kolossale Klassenarbeiten, und mal zeigte er uns Dias von seinem Urlaub. Nichts half. Wir hatten beschlossen, ihn zu tyrannisieren.

Er kam ein paar Minuten später als gewöhnlich. Wir lümmelten uns in den Bänken, der Hitze wegen standen die Fenster offen, und ein Geruch von brennenden Gartenabfällen drang in das Klassenzimmer. Ich hatte das Gefühl, daß niemand Lust auf das allwöchentliche Theater hatte.

Slijkhuis stieg auf das kleine Podest, legte die Bücher

auf den Tisch und stützte sich mit seinen nervigen Fingern auf die Platte. Er starrte über unsere Köpfe hinweg in den Raum.

»Nehmt eure Hefte.«

Wie jedesmal drehte sich Kees Caspers, der in der ersten Reihe saß, ganz in seiner Bank um, so daß Slijkhuis seinen Rücken vor sich hatte. Aber ich konnte sehen, daß ihm das nur wenig Spaß machte. Auch meine Nachbarin Trini Alkemade verhielt sich wie üblich: Sie legte den Kopf auf die Arme und schlief ein.

»Welche Hefte?« kam die Frage aus der Klasse, woraufhin wir merkten, daß Slijkhuis heute ganz besonders empfindlich sein mußte, denn er wurde auf der Stelle bleich und begann mit den Fingern zu knacken, obwohl es doch eine ganz normale Frage gewesen war.

»Nehmt eure Französischhefte!«

Die Stimme überschlug sich.

Seit einiger Zeit bestand sein Unterricht nur noch aus dem Diktieren von Vokabeln und den Versuchen, diese eine Woche später schriftlich abzuhören. Mit letzterem fing er jetzt an. Die Feder. Das Buch. Der Vater. Das Kind. Die Tante ...

Die bedeutungslosen Laute, unterbrochen von langen Pausen, gingen völlig an mir vorbei. Ich kritzelte und malte rum, wie fast alle.

Die Ruhe in der Klasse schien Slijkhuis nervös zu machen. Als ein Stift zu Boden fiel und gewohnheitsgemäß von zahllosen Füßen unter den Bänken weitergeschubst wurde, sah ich, daß er sich an sein Pult klammerte, er verdrehte die Augen zur schmutzigen, rissigen Decke, und alle konnten ihn »Ogottogott ...« murmeln hören.

Ich starrte aus dem Fenster. Zwischen den Häusern in der Katwijkse Straat stieg eine dünne gelbe Rauchfahne auf, irgendwo wurde eine Bandsäge eingeschaltet, und das scharfe, kreischende, immer wieder abbrechende

Geräusch verwandelte sich mit einemmal in ein unterdrücktes Gequieke: Jetzt trieben sie bei Slats ein Schwein, ein fettes, verzweifeltes Tier, das schon seit heute morgen wußte, was ihm an diesem Tag an Unvermeidlichem bevorstand, auf den Schlachthof, gleich, nach Schulschluß, würden ein paar Drittkläßler an der Hintertür um die Blase betteln. Ich spürte, daß mein Haar im Nacken klatschnaß von der Hitze war.

Slijkhuis diktierte schon eine ganze Weile, als wir erst richtig garstig wurden.

»La maison«, sagte er.

Wir erinnerten uns, daß ihm das Aussprechen des M manchmal Schwierigkeiten bereitete.

»Wie bitte, Mijnheer?«

Er holte Luft. Schluckte. Wir sahen ihn alle an.

»La mmm … mmm … mmm …« – wir verfolgten das beklemmende Ringen in Mund- und Kehlraum – »la maison!« –, bis das Wort wie eine am Bein festgebundene Katze das Weite gewann.

Von hinten aus der Klasse kam ein schneidender Rülpser.

Wieder wurde gefragt: »Wie bitte, Mijnheer?«

Dann fing Kees Caspers an, in aller Gemütsruhe zwei Seiten aus seinem Heft zu reißen, ganz akkurat am Falz. Nach kurzem Zuschauen begriffen wir.

Wir arbeiteten leise. Hingebungsvoll zogen wir mit den Fingernägeln messerscharfe Kniffe. Hier und da mußte einer bei einem Nachbarn zuschauen, doch die meisten von uns waren sehr erfahren. Diese kleinen Flieger waren aus zwei Teilen konstruiert. Der Teil mit den Flügeln und den vier Motoren war ziemlich schwer, aber der lange, eingeschobene Schwanz bildete genau das richtige Gegengewicht. Wir wußten, wie wir die Flügel umknicken mußten, damit die kleinen Maschinen gleich kreisen würden. Die Sonne war weitergewandert. Ein Teil des Klassenzimmers lag im Schatten. Zum erstenmal in dieser Unterrichtsstunde fühlte ich mich wohl.

»Seid ihr denn alle verrückt geworden?«

Die Bemerkung, mit der er uns zu Beginn des Schuljahrs gelegentlich für einen Moment ruhig gekriegt hatte, war jetzt vergeudete Liebesmüh. Wahrscheinlich bekamen die meisten sie nicht einmal mit.

Alle waren fertig. Wir sahen auf.

Er stand vor- und zurückschwankend am Rand des Podests, mit klatschnassem Gesicht, die Andeutung eines Lächelns schwebte um seinen Mund, und ich dachte gerade: Das kann Loulou wirklich besser, als wir warfen.

Es war perfekt. Es war so schön wie ein Feuerwerk. Die Flieger stiegen mit fühlbarem Rauschen aus unseren Händen auf, ein geschlossenes Feld schneeweißer Zeichen – darunter meines! – nahm den Raum in Besitz. Für nichts anderes war mehr Platz. Wir folgten dem Spektakel mit unseren Blicken. Nur hie und da war ein Exemplar direkt gegen die Tafel gerauscht und mit einem Tickgeräusch zu Boden gefallen, auch flogen zwei plötzlich zum Fenster hinaus, die meisten jedoch umkreisten auf- und abwärts gleitend einen vagen, völlig belanglosen Schemen mit fuchtelnden Armen ...

Er hatte sich vornüber auf den Boden fallen lassen. Auf Hände und Füße gestützt, machte er den Eindruck, diese Haltung eingenommen zu haben, um mal in aller Ruhe über etwas nachdenken zu können. Die Flieger waren um ihn herum gelandet. Es war wirklich mucksmäuschenstill in der Klasse. Da beugte er die Ellbogen. Langsam, fast zärtlich, legte er die Stirn auf den Holzfußboden. Ich blickte auf die langen eingeknickten Beine in der grauen Hose, und plötzlich tauchte dieses düstere Wort wieder in mir auf: *Lulatsch.*

Der Rektor hatte uns nach Hause geschickt. Er war in die Klasse gekommen und hatte ohne Zorn gesagt, wir könnten gehen. Mir war aufgefallen, daß seine Augen viel kleiner waren als sonst, sie glichen diesen Schalentieren, die sich zusammenziehen, wenn man sie berührt. Sie sahen keinen von uns an.

»Laß uns in die Dünen gehen«, schlug Trini Alkemade vor.

Nur wenige hatten Lust dazu.

Ich ging durch das warme Dorf. Überall waren die Markisen heruntergelassen oder die Vorhänge zugezogen. Auf manchen Fensterbänken waren zusammengefaltete Zeitungen aufgestellt, um die Pflanzen vor der Sonne zu schützen.

In der Molenstraat saßen ein paar alte Männer und Frauen dösend im Schatten ihrer Häuser, aber sie wußten ganz genau, daß die Schulen noch nicht aus waren, und als ich an ihnen vorbeiging, spürte ich, daß sie mich ansahen. Auch die Frauen, die neben ihren stockfinsteren Türöffnungen mit ihren Tretnähmaschinen und ihren Waschbottichen plus Wäschewringern zugange waren, warfen mir mißbilligende Blicke zu. Einmal mußte ich einen Riesensatz machen, als ein Strom schmutziggraues Spülwasser auf meine Füße zuschwappte.

Bei Trini Alkemades Haus erinnerte ich mich plötzlich, daß ich da einmal ein Kind hatte schreien hören. Weil das Haus an der Ecke der Tramgasse lag, hatten meine Gedanken dieses Geschrei mit den Unglücken verbunden, die im Laufe der Jahre in dieser Gasse passiert waren, logische Vorfälle, wenn man wußte, daß sich die Straßenbahn zwölfmal am Tag durch diesen engen Raum zwischen den Wohnhäusern zwängen mußte. Zwei Kindern aus ein und derselben Familie hatte das ein Holzbein eingetragen, sie waren bei uns in der

Schule, und ich hatte ganz oft auf diese geriffelten Tischbeine geschaut.

Die ganze Nacht hatte ich damals an dieses Geschrei denken müssen. Verärgert erzählte mir Trini am nächsten Morgen, daß ihre Schwester einen vereiterten Finger hatte und sich gräßlich anstellte, wenn sie ihn in heiße Sodalösung halten sollte.

Daheim saßen meine Mutter und meine Oma hinten im Garten und spielten Karten. Ein lila Sonnenschirm warf derart merkwürdige Schatten, daß ihre Gesichter wie tätowiert aussahen. Sie merkten gar nicht, daß ich so früh aus der Schule kam.

»Hol dir doch eine Flasche Perl aus dem Kühlschrank«, sagte meine Mutter.

»Wo ist Loulou?« fragte ich.

Meine Mutter fuschelte blitzschnell zwei Kartenspiele mit den Daumen ineinander.

»Die schläft«, sagte sie.

Als ich in die Küche kam, sah ich, daß die Katze, die tagelang verschwunden gewesen war, in der Ecke vor einem übervollen Napf saß und schlang. Ihr Kopf bewegte sich kauend rauf und runter. Ich trank ein paar Schlucke Wasser aus der Leitung und ging nach oben.

Sie lag auf dem großen Bett. Ich schloß die Tür hinter mir, und die zugezogenen Vorhänge fielen wieder zurück. Im Zimmer lag ein goldenes Licht. Ohne sie zu wecken, legte ich mich dicht neben sie, ich schob meine Nase in ihr weiches Spatzenhaar und dachte nach. Das Meer. Der weiche Dünensand. Die ewige Möwe auf Pfahl neunzehn. Der ewige Turnschuh, teerverschmiert. Es gibt niemanden auf der Welt, der so riecht wie Loulou.

Nach einer Weile sagte ich ihr ins Ohr: »*Malikiki.*«

Sogar im Schlaf mußte sie lachen.

Neid

Wir sprechen noch manchmal von Willy und Nora. Willy war unsere Mutter, Nora unsere Stiefmutter. Selbstverständlich sind sie sich nie begegnet.

Wie schön war Willy? Bildschön! Groß, blond, mit blaugeäderten Händen, solchen Händen, die während eines Gesprächs wahnsinnig expressiv gestikulieren konnten, sich aber genauso über Reitstiefel und Wichse hermachen konnten, um nur ein Beispiel zu nennen.

Und fröhlich. Wenn wir aus Leibeskräften plärrten, dann brauchte sie nur ins Zimmer zu treten, in ihrer weißen Bluse, dann brauchte sie nur zu sagen: »Herzallerliebste Löwenkinder, was liegt ihr hier rum, kommt doch mit ...«, und schon merkten wir, daß im Haus eine festliche Stimmung herrschte und die Sonne durch himmelhohe Fenster hereinschien.

Willy Meeuwenoord war ihr Name. Mit zweiundzwanzig Jahren heiratete sie einen Sproß aus altem wallonischem Geschlecht, der sich in Noordwijk niedergelassen hatte. Sie hatte nichts dagegen, daß Gustave, unser Vater, ihre Verbindung mit zwei kleinen Söhnen aus einer früheren Ehe belastete. Absolut nichts, sie schloß die dicken Jungen, die in der Schule schlecht mitkamen, ins Herz und schenkte im Sommer darauf Zwillingen, Mädchen, das Leben: uns. Und sechs Jahre später stürzte sie nach akuten Schmerzen in der Brust vom Pferd.

Willy und Nora. Wenn wir an sie denken, sehen wir sie nebeneinander unter den Pappeln hinter dem Haus gehen. Willy, in enganliegendem Beige, zieht mit unbekümmerter Miene an einer Zigarette, Nora schaut gequält vor sich. Willy ist blaß. Nora hat hochrote Wangen. Willy denkt an Pferde, an Seeschiffe, an Babys, an Sommernächte, alles auf einmal. Und gleich ein Glas Wein. Nora leidet unter der Hitze. Eistee mit Zitrone wäre eine Wohltat. Willy war ein Darling, die mit ihrem Strandfischerblick dafür sorgte, daß ihr fünfzehn Jahre älterer Mann zu träumen aufhörte, weil das wirkliche Leben viel schöner war. Woher wir das alles wußten? Das wußten wir von Nadine, unserer Stiefschwester. Und aus Noras braunen Augen verschwand alle Sanftheit.

Der Abend, an dem sie bei uns ankamen! Das ganze Haus voller Koffer und ein einziges Treppauf, Treppab! Und wir, denen man gesagt hatte, wir bekämen wieder eine Mutter und dazu noch eine große Schwester... »Ah, mes petites puces, ihr braucht noch Wärme!«: Papa. Verwundert sahen wir auf die Ellbogen und Hüften der Frauenzimmer, die dabei waren, sich in den Räumen im ersten und zweiten Stock häuslich einzurichten, und sich über die Tiefe der Kleiderschränke wahnsinnig zu erregen schienen. Und Papa, der die Ruhe selbst blieb und die Türen zum Garten öffnete, es war August, und im Luftzug im Treppenhaus eine dieser ach so rastlosen Frauen aufhielt, um sie von hinten um die Hüften zu fassen.

Da sahen wir uns zum erstenmal Noras Gesicht an.

Natürlich war sie hübsch.

Um neun saßen wir alle im Salon. Die fremden Sachen waren verstaut, und trotzdem sahen die Möbel und die Bilder und die Schürhaken in Form von Dreimastern anders aus als sonst, und unsere Brüder blickten mit dem Ausdruck von Taubstummen zur Tür. Sie trugen ihre amerikanischen Ausgehhemden mit den weiten Halbärmeln. Nachdem eine Weile alle still gewesen waren, erhob sich Nadine. Wir hatten bis dahin nicht darauf geachtet, doch nun stellte sich heraus, daß die Stimme unserer Stiefschwester so träge und seufzend war wie der Baß einer Kirchenorgel.

»Dann geh ich mal Kaffee kochen.«

Sie verschwand in die Küche, kam wieder zurück und sah uns fragend an. Und nun hatte ihre Stimme keine Ähnlichkeit mehr mit einer Kirchenorgel, sondern besaß die Schockwirkung eines Suchscheinwerfers.

»Wo hat sie die Zichorie aufbewahrt?«

Das fragte sie. Willy. Wo hat Willy die Zichorie aufbewahrt? Wir lächelten, ohne uns anzusehen, und vor allem, ohne Nora anzusehen, bei der in diesem Moment die schreckliche Qual begonnen haben mußte. Das Haus war also doch das alte. Mit Willy als Gebieterin über Stühle und Tische, Dünenlandschaften, Schürhaken, Fotos, Uhren und Teeservice sowie den Wind, den man ständig spürte, wenn man barfuß über den Flur ging. Unsere Brüder murmelten tschüs und standen auf, um wie üblich ins Duna Deli tanzen zu gehen.

Welch merkwürdiger Abend für uns Kleine. »Bring uns ins Bett«, sagten wir zu Gustave. Auf der Treppe sanken unsere Köpfe an seine Schulter, doch unsere Gedanken waren Tiere, die ihre Wachsamkeit nie ganz verlieren. Nadine braucht eine Maus, dachten wir, und diese Maus ist ihre Mutter. Wir wissen, daß Nadine die weiche Maus sich bereits in ihrem Mund winden spürt.

Nacht. Die oberen Stockwerke eines Hauses am Rande der Dünen. Die Jungen sind noch nicht zurück. Die Mädchen schlafen, und Nadine, auf dem Dachboden, tut es auch. Im Balkonzimmer legt Gustave den

Arm um seine Frau und will ihr ins Ohr pusten. Sie aber dreht den Kopf weg.

»Je t'aime, Nora.«

Anfangs merkten wir ihr noch nicht viel an. Wenn sie morgens als allerletzte in der Küche erschien, dicker Mund, schwere Lider, dann setzte sie sich an den Tisch und wartete, daß Nadine ihr Kaffee eingoß. »Ich habe schlecht geschlafen«, sagte sie nur. Oder höchstens: »Ich hatte Bauchschmerzen.« Trotzdem wußten wir, daß Nadines Worte sie bereits tief getroffen haben mußten. Denn diese Gewohnheit hatte Nadine angenommen: die Zimmer zu putzen und zu schrubben, alle zehn Schritte etwas Besonderes zu entdecken, ihre Mutter herbeizuwinken und etwas zu bemerken. Mal war es der komplette Inhalt des Kellerschranks, mal einer von Willys alten Regenmänteln, die sie auswählte, um Nora diese herumstrolchende Königin, Mammi, vorzustellen.

»Das sind Spülbürsten«, erläuterte sie zum Beispiel. »Die hat sie an der Tür gekauft. Sehr schön, findest du nicht? Sie sind aus Mahagoni.«

»Ja, ja«, murmelte Nora, damals noch lächelnd, und wir verstanden nicht, warum sie nicht weiterging, sondern immer wieder neugierig und gequält zuhörte:

»... denn wenn sie diesen Mantel zuband und dazu Gummistiefel und außerdem noch einen alten Hut trug, dann sah sie aus wie ein Landstreicher. Sie kannte die Küste, nicht als Badegast, sondern als Strandfischer, der nach einer Sturmnacht mit Eimer und Schleppnetz loszieht.«

Was sagte Nadine da? Erkundigte sie sich bei Gustave, oder versetzte sie sich, mit allen Sinnen ratend und verdrehend, nur in sie hinein? Fest steht, daß uns Willy, wie wir sie gekannt haben, fast vollständig entglitten ist, aufgelöst in den Worten unserer Stiefschwester.

»An solchen Morgen ging sie oft ...«

Und fest steht, daß Nora schon bald auf der Treppe zu stolpern begann und Blumenvasen umwarf und daß wir, als wir sie einmal durch die halboffene Tür vor ihrem Frisierspiegel sitzen sahen, mit kerzengeradem Hals, daß wir da eine Frau sahen, die nicht nur ihr Äußeres, sondern die ganze Welt nur noch unter einem einzigen Gesichtspunkt betrachten konnte: Willy war schöner als Nora.

Das geschah in jenen ersten Wochen, als sie noch alle Räume des Hauses betrat und ins Dorf ging, um einzukaufen, wobei wir wie kleine Hunde hinter ihr herliefen und alles trugen. Es war während der Sommerferien, überall wehten Fahnen. Später, als Nadines Geschichten ausführlicher wurden, verließ sie das Haus nicht mehr. Sobald Gustave in seinem Auto weggefahren war, verwandelte sich ihr Lächeln in den wesenlosen Ausdruck eines Menschen, der alles verloren hat. Sie ging zurück in den oberen Stock, wo sie oft stundenlang in einem kleinen Zimmer mit ganz vielen Büchern in einem Ledersessel sitzen blieb.

»Was hat sie?« fragten wir Nadine einmal.

»Nichts. Bringt ihr doch mal den Tee.«

Je lethargischer die Mutter wurde, um so schneller rannte die Tochter. Es gab Tage, an denen Nadine nicht nur kochte und wusch, sondern auch derart ungestüm die Teppiche ins Freie schleppte und die Spiegelschränke beiseite rückte, daß wir schon hätten blöd sein müssen, um nicht zu begreifen, daß dies das Haus war, in dem unsere Stiefschwester für den Rest ihres Lebens arbeiten wollte. Zum Schluß bat sie ihre Mutter nach unten, um im nach Bohnerwachs riechenden Haus zu verschnaufen und ein wenig zu schwatzen.

Sie saßen auf dem Sofa. Wir lagen im Wintergarten. Neben dem Sofa stand eine Vase mit flauschigen Federn.

Auf dem Tisch eine Flasche Selterswasser. An der Veranda, direkt hinter den geöffneten Türen, hing eine blühende Gardenie. Wir schauten von den Blumen zu Noras Gesicht. Von Grellrot zu glühend Rosa. Nadine erzählte gerade, daß vor etwa acht Jahren das gesamte Haus renoviert worden war und daß hier danach ein Fest stattgefunden hatte, von dem man noch heute im Dorf sprach. Alle waren verkleidet, erzählte sie, jeder trug ein Kostüm, das etwas mit dem Meer zu tun hatte, und Willy war auf die Idee gekommen, Hose, Hemd und Schärpe nach einem Gemälde aus dem achtzehnten Jahrhundert nachschneidern zu lassen.

»Du hast es hier natürlich hängen sehen, im Treppenhaus. Mazedonischer Seeräuber.«

Die Art und Weise, wie Nadine erzählte, war anders als sonst. In ihrer Stimme lag ein Rhythmus, als bräuchte sie an keiner Stelle nachzudenken, da die Worte, die sie sprach, schon irgendwo bereitlagen, sie seufzte weniger, und hätten wir die Augen geschlossen, so hätten wir geschworen, sie läse uns aus einem schönen dicken Buch auf ihrem Schoß vor. Daß Willy großen Eindruck gemacht habe. Daß alle sie liebten. Wir legten uns anders hin und begannen, mit abwesenden Mienen in der Nase zu bohren, jetzt, da Willy, Mammi, in einer Geschichte herumgeisterte, die allseits bekannt war und weiß der Himmel wann von irgend jemandem aufgeschrieben.

Daß sie die ganze Nacht tanzte.

Da trafen wir Noras Blick. Und in ihren Augen lag ein derart finsterer Abscheu, daß wir, als Nadine schließlich von Willys schönem blondem Haar erzählte, das diese sehr oft zu einem Zopf geflochten auf dem Rücken trug und das Gustave auszukämmen liebte, ihr, wie er sagte, nach Sonne und Wind riechendes Haar, daß wir da begriffen, was Erzählen ist.

Nora. Dunkle Flecken, wo ihre Augen sitzen. Feuerrote Wangen.

Erzählen heißt, geduldig und zielbewußt eine Tatsache nach der anderen herumzudrehen, bis sie perfekt passend ineinanderklicken: Gustave liebte Willy mehr als Nora.

Er schlang die Arme um sie. Er sagte Liebling. Er küßte sie, wenn er nach Hause kam. Als er eines Nachmittags unerwartet sein Haus betrat, verstand er nicht, warum sie da saß, in diesem Sessel zwischen den Büchern, und zog sie an den Händen hoch. Durch die hohen Türen aus farbigem Glas sahen wir ihn mit ihr in den Garten gehen. Es war noch immer Sommer, und es war drückend warm. Gleich hinter der Gardenie hieß es schon wieder Liebchen, Liebe. Er sprach auch von schön, rund, weich, er schob seine Hand in den Ausschnitt ihres Kleides, er sagte: »Schau, Nora, seit dem Tag, an dem ich dich kennenlernte ...« Er rieb seine Wange an ihrem Kopf, er begann sie wieder zu küssen.

Doch von dem einen, das zählte, konnte er sie nicht überzeugen. Und als er einen kleinen Zweig vom Wein abbrach und ihr die rote Blüte hinters Ohr steckte, muß sie gedacht haben: Ich ertrage es nicht mehr.

Ich ertrage ihren Garten und ihren Wein nicht mehr, ihre Terrasse mit den glasierten Töpfen und den Stufen, die zu ihrem Haus mit den zwei Stockwerken führen, ich ertrage ihren Salon nicht mehr, ihre Küche, ihre Treppe, die mit einem Bogen in den ersten Stock führt, die vier Türen und dahinter vier Zimmer, ihr Bett, ihre Überdecke mit den verblichenen Troddeln, ihren Spiegelschrank, in dem man noch immer ihre grünen Augen und ihre weiße Haut schimmern sieht, ihr Badezimmer und, weiß der Himmel warum, ihre Turteltauben auf dem ziemlich breiten Fenstersims, die man vom Bad aus mit geschlossenen Augen gurrend dasitzen sieht: Die ertrage ich am allerwenigsten.

Und eines Tages wurde sie krank und blieb im Bett.

Ihre Haarnadeln. Ihre Büroklammern. Ihre Gummibänder.

An diesem Nachmittag saßen wir faul und traurig zwischen unserem Spielzeug auf dem Fußboden. Auf der anderen Seite des Flurs befand sich das Zimmer mit den geschlossenen Vorhängen, in dem Nora nun schon eine Woche lang lag und über die Hitze klagte; alle Türen und Fenster im Haus mußten daher offenbleiben. Wir hörten unsere Stiefschwester hin und her gehen, und manchmal sahen wir sie auch, mit Tellern und Trinkgläsern auf einem Tablett und einem Gesichtsausdruck, der, wenn man es nicht besser wußte, an jemanden erinnerte, der ein Geburtstagsfest vorbereitet. In Wirklichkeit waren es nur noch wenige Tage, bevor Nora unser Haus für immer verließ, und als wüßten wir das bereits, traten wir mißmutig gegen die Unterseite unseres Bettes und blätterten mit einem schweren Gefühl hinter den Augen in einem Buch, das an einem der Bettfüße lehnte.

Plötzlich war Nadine wieder da, auf der anderen Seite des Flurs. Für uns unsichtbar, rückte sie ein paar Gegenstände hin und her, wir hörten Geklirr und stellten uns vor, daß sie Wasser eingoß. Das Bett knarrte. Jemand hustete.

»Bist du's wieder?«

»Ja, ich, Nadine.«

Wir hörten ein dumpfes Geräusch und stellten uns vor, daß Nadine die Kissen aufschüttelte.

»Was machst du?«

»Ich setz mich mal für einen Moment zu dir.«

Dann hörten wir wieder die Stimme, träge und leise wie Geseufze in der Kirche.

»Ich glaube, es war an einem Montag«, sagte Nadine. »Am Montag, dem fünfzehnten März, bekam sie Lust, von Noordwijk zum Wassenaarse Slag zu reiten.«

Ein Schock durchfuhr uns. Beunruhigt knieten wir uns hin. Ihr Pferd, so hörten wir, stand im Stall ihres Bruders, Meeuwenoord, direkt hinter der Düne neben dem Palace. Sie ritt an der Fischbude den Sandweg hinunter und bog links auf den Strand, der ihr den vertrauten Anblick von kleinen Schuppen, Treibholz und zufälligen Spaziergängern bot. Sie fühlte sich gut. Der Februar war freudlos gewesen infolge einer wochenlangen Grippe, die sie vom schneeweißen Winter hinter den Fensterscheiben ausgeschlossen hatte. Heute schien die Frühlingssonne. Die Luft fühlte sich frisch und feucht an. Sie drückte dem Pferd die Absätze in die Flanken und weigerte sich, die unangenehme Klammer zu beachten, die seit der Krankheit in ihrer Brust steckengeblieben war.

Bei Katwijk mußte sie ein Stück landeinwärts entlang der Flußmündung. Sie kam zu den Schleusen, überquerte sie und preschte auf der anderen Seite in langen Galoppsprüngen wieder hinunter, als mache eine Verabredung ein Stück weiter sie sehr ungeduldig. Nach den Pflastersteinen des Boulevards erstreckten sich jetzt ohne Unterbrechung fünfzehn Kilometer weicher Boden vor ihr. Sie beugte sich vor, spreizte die Ellbogen. Schwer atmend vor Freude hörte sie, wie durch eine Röhre, das dumpfe Getöse des Meers und sah einen Schwarm silberweißer Vögel vom Sand auffliegen und dicht über ihren Kopf hinwegscheren. Im Handumdrehen stürmte sie an Pfahl achtzehn vorbei, Pfahl dreiundzwanzig und einer Planke mit den Worten ZUTRITT VERBOTEN GEFAHR.

Nadines Stimme schwieg. Plötzlich merkten wir, daß wir schluchzend dahockten. Und als die Stille anhielt, hörten wir, daß auf der anderen Seite des Flurs jemand mit uns schluchzte. Nadine konnte es nicht sein, wußten wir, denn die erschien, die Arme voller Handtücher, in der Tür und ging zur Treppe, ging, so wußten wir, zur Waschecke im Hauswirtschaftsraum.

Und dann weinte Nora laut. Nicht vor Rührung, wußten wir, und auch nicht aus Kummer um Willy Meeuwenoord, die dort dahinschoß auf dem Weg zu ihrer Verabredung mit dem Schicksal, unvergeßlich schön in Reithose und Jackett, das gelöste Haar in glänzenden Strähnen hinter ihr herschwingend.

Fürs Glück geboren

Sie ist auf dem Weg ins Kino.

An ihrem hinkenden Gang, an ihrem in einen Regenmantel gehüllten Körper, des weiteren an ihrem Engelsgesicht, in dem hinter einer total falsch ausgesuchten Brille mit schwerer dunkelbrauner Fassung ein Paar zerstreute blaue Augen umherschweifen, und schließlich an diesem Hut!! läßt sich nicht ablesen, daß hier Marie Anne Hooghoudt geht, am 30. September 1920 fürs Glück geboren, jetzt auf dem Weg zu ihrer letzten Lebensstunde.

Fürs Glück geboren. Aber ja. Hier ist das Geburtszimmer: Eine Dachkammer in der St. Jansstraat in Oss, überbelegt mit vier Frauen, die Jüngste liegt mit weit gespreizten Beinen auf dem Bett, die anderen drei machen sich mit irgendwas zu schaffen, nein, kein Mann. Los! Noch *ein*mal, streng dich an! Zwei Füßchen sind bereits zum Vorschein gekommen, sie strampeln sogar, das Mädchen auf dem nassen schmutzigen Laken plagt sich ab, denn die Lage des Kindes ist weiß Gott nicht ideal, aber, bitteschön: Marie Anne wird geboren.

»Ach du großer Gott, ach heilige Mutter von Kevelaer, was für ein mickriges Ding!«

Die Worte gehen unter in einem fürchterlichen Schlag, eine der Frauen hat eine kleine Waschschüssel auf den Boden fallen lassen. Das Emailding schaukelt ein paarmal hin und her und gerät schließlich in ein Kippeln, das mit einem tiefen, ungemein eindringlichen, anschwellenden Surren einhergeht, das Baby hält den Atem an, auch als es plötzlich still wird, nie, nicht ein einziges Mal in seinem Leben wird es etwas Schöneres hören: Dies war der Beckenschlag seines Glücks. Jetzt schlägt man es auf den Hintern.

Das Kind ist von guter Herkunft. Der Vater, dem auf gar keinen Fall Nachteile aus einer Jugendtorheit erwachsen sollen, wird zu Verwandten nach Boston, Mass., geschickt, in eine Villa mit Säulenportal, auf einen sonnenüberfluteten Rasen, wo er zwischen einer Reihe blendend weißer Figuren mitrennen, -fallen, -schlagen darf. Er braucht sich im übrigen nicht zu beeilen: Der Sessel in dem holländischen Direktionszimmer hat zwar Beine, aber läuft nicht weg. Bleibt noch die Mutter. Nun, die Mutter tritt bei den Dienerinnen des Heiligen Geistes der Immerwährenden Anbetung in Tilburg ein. Ein Sturm im Wasserglas, die Ankunft von Marie Anne Hooghoudt.

Sie wächst auf in einem Dorf mit einem drolligen Namen: 't Zanddaarbuiten. Am Fluß liegt eine Zuckerfabrik, neben dem Sandweg eine Reihe kleiner Häuser, die sich in ihrem Armeleutegeruch gegenseitig stützen. Die Krisenjahre haben hier längst begonnen, das Mannsvolk schuftet, trinkt und ist fürchterlich schnell auf der Palme, die Frauen setzen – in Windeseile – ein Kind nach dem anderen in die Welt, von denen die Hälfte bereits in den Windeln stirbt. Was ist Marie Anne aus ihrer Pflegekindzeit in Erinnerung geblieben?

Die Felder, die Sonne, der Fluß, der unbeschreibliche, allgegenwärtige Geruch, wenn im Spätsommer die Rübenernte beginnt, Geschrei, Boote, Zugpferde, zwei dunkelrote Motorräder rasen über den Sandweg, der glitschig wie Sirup ist, auf den Dachböden der Fabrik wird der Abfall gesammelt, die Kinder klettern die Leitern hinauf und tauchen Hände, Finger, Zungen, Goldrenetten in die dunkelgelbe Melasse ... Doch tiefer als all dies funkelt das Mysterium, das sich am Tag ihrer Erstkommunion zuträgt. Die Sonne scheint durch das Küchenfenster, sie ist acht, eine völlig fremde Frauensperson hockt vor ihr auf dem Boden.

»Na los, zieh schon an!«

Marie Anne steckt ihre schmächtigen Glieder in ein weiches weißes Kleid, dessen Innenseite glitzert wie ein Fischrücken. Nun wird ihr noch ein Krönchen auf die Schläfen gedrückt, ein Meßbuch – feuerroter Schnitt – in die Hand, und man nimmt sie auf dem Rücksitz eines Autos in eine fremde Stadt mit, ein Tor, ein stiller Gang, ein stilles Portal, eine Tür, die mit ersticktem Seufzer hinter ihr zufällt ... Ah! Durch ein Gitter bestaunt sie eine verlassene Kirche. Aber doch nicht ganz verlassen. Dort, in der Tiefe, glüht ein Licht, und dicht davor ist, wenn man richtig hinschaut, eine reglose Gestalt zu erkennen, die kniend auf den Altarstufen liegt.

»Wer ist das?« möchte Marie Anne von ihrer Begleiterin wissen.

Ach, das ist niemand, das ist, sagen wir mal, eine Frau, die dich liebt, die ein Fragment des Immerwährenden Gebets vollenden muß, bevor sie die Erlaubnis bekommt, nachher in einem kleinen Nebenraum des Schlosses ein mageres, blasses Kind in einem gesmokten Kleid anzustarren, sie muß sich dabei allerdings in acht nehmen, ihre Augen dürfen glitzern, aber nicht richtig feucht werden.

Marie Anne traut ihren Augen kaum. Sie umklammert das Gitter und findet alles schön. Am schönsten findet sie die verzauberte Prinzessin in ihren hellblau und rosa Gewändern.

Ihre Jugendjahre auf dem Dorf gehen dahin. Eines Tages steht eine Amtsperson vor der Tür. Ihrem Kommen ist natürlich Entsprechendes vorausgegangen, die

Leute in 't Zanddaarbuiten haben es schwer, und es gelingt ihnen nicht immer, Haltung und Anstand zu wahren. Manche Mütter sterben – Diphtherie –, manche Väter kommen wegen schwerer Gewalttätigkeit in den Knast, die Kinder verschwinden zu Verwandten. Aber Marie Anne hat keine Verwandten.

»Marie Anne Hooghoudt!«

Der Mann im Ledermantel greift links nach ihrem Köfferchen und rechts nach ihrer Hand.

Jetzt bricht die Zeit an, da sie im Schlafsaal, in der Klasse, unter dem Kastanienbaum auf dem Schulhof, die Finger in die Ohren gesteckt, dasitzt und liest, sie ist weg, all die Jahre, sie ist woanders, ihre kleinen Schicksalsgenossinnen lachen sie aus, tratschen über sie und lassen sie dann in Ruhe. Als für die sechzehnjährige Marie Anne eine Stelle auf einer der südholländischen Inseln gefunden wird, ist ihr Gedächtnis um eine Reihe kostbarer Liebesgeschichten bereichert – Flüsterworte, Umarmungen, Dämmerlicht –, um Männer, die eine Frau bis ins Innerste ihrer Seele verstehen.

Mißverständnisse bleiben nicht aus. Auf das Willkommen in ihren Augen hin wissen die diversen Söhne des Hauses ihr Bett unter dem Dach zu finden. Mag der eine auch etwas wilder atmen, etwas schneller zustoßen als der andere, die Situation läuft doch stets auf das gleiche hinaus: Keiner der jungen Männer vermutet, daß das weiche, warme Mädchen in Wirklichkeit träumt, daß es im Schnee liegt und schläft. Aber schon wieder vorbei.

Vorbei schon wieder, und es wird Krieg, es ist Mai, unter einem strahlenden Himmel steigen große schwarze Wolken vom Boden auf. Im Hoekse Waard ist es die erste Zeit noch nicht so schlimm. Erst 1943 kann man eine unbeirrbare junge Frau gebrauchen, um *De Koerier* zu verteilen. Marie Anne ist auch dabei, als man nachts im Polder vier Brände legt, als man das Postamt, die Käsefabrik, ein Waffendepot überfällt, sie erlangt großes Geschick im vollkommen lautlosen Radeln, Gehen, an Türen und Fenstern Spionieren, sie lernt den Biesbosch kennen, wo man im Schilf und auf den Booten auf unbeschreibliche Art und Weise lebt und wo ein Mann ihr ein paar englische Worte beibringt – *today, nearly summer, there's plenty!* –, die ihr das ganze Leben lang genau jenes prickelnde Glücksgefühl geben werden ... Sie wird Zeugin einiger giftiger, übler Ereignisse.

Im Herbst 1945 haben sich ihre Lebensumstände schon wieder geändert. Jetzt gibt es Verkehrsgewühl. Jetzt gibt es Menschenmengen. Sie arbeitet als Verkäuferin in einem Amsterdamer Kaufhaus. Aus irgendeinem Grund kommen ihre Kollegen nicht auf die Idee, die sympathische Brünette zu ihren Geburtstagen einzuladen. Einmal, im Sommer, merkt Marie Anne, daß ihr jemand folgt. Sie geht die Leidsestraat entlang, unter den Ulmen an der Gracht, und mit einemmal bekommt sie Spaß an ihrem Spaziergang, es ist, als ob sie Flügel hätte, gleichzeitig aber durch eine Schnur um ihren Fußknöchel zurückgehalten wird. Der Mann verringert den Abstand zwischen ihnen nicht, auch wenn sie stehenbleibt, um sich – ganz bestürzt – in einer Schaufensterscheibe zu spiegeln, tritt er nicht näher. Die Sonne wandert bereits nach Westen, als sie endlich dazu kommt, ihm ihre Adresse zu zeigen: Sie legt die Hand auf eine Zahl neben einem Hauseingang und nimmt ihren Schlüssel.

Tatsächlich bekommt sie am nächsten Vormittag Post. Zum erstenmal in ihrem Leben liest sie ein Liebesgedicht.

Eine Woche später sagt er: »Sonst werde ich bis zu meinem Tod an dich denken müssen.«

Der Mann – er heißt Lelieveld – möchte, daß sie heiraten. Sein Ernst erschreckt sie, aber die Faszination ist stärker. Außerdem will sie ihn trösten. In einer Augustnacht wird sie wach und sieht ihn nackt, die Ellbogen auf der Fensterbank, in den Sternenhimmel starren. Sie steigt aus dem Bett, tritt von hinten an ihn heran und streicht, ganz leicht und beiläufig, mit den Fingerspitzen über sein Geschlecht.

Wer vermag zu entscheiden, ob diese Ehe unglücklich war?

Als Marie Anne Hooghoudt nach langer Zeit ihren Mädchennamen wieder annimmt, ist sie kleiner und dicker geworden. Ziemlich kurzsichtig ist sie auch. Sie hat die Angewohnheit, in zerstreutem Erstaunen die Augen aufzureißen und danach heftig zu blinzeln. In ihrem Herzen ist keine Spur von Groll. Mit der Tochter, die im dritten Ehejahr geboren wurde, bezieht sie eine Wohnung im obersten Stockwerk eines Hauses, das nach Holz riecht.

»O wie toll! Wie toll!« ruft das zwölfjährige Mädchen am ersten Abend.

»Was ist?«

Marie Anne sieht, daß das Kind hinter den Vorhängen seines Schlafzimmers verschwunden ist.

»Komm und schau!«

Marie Anne hat die Brille aufgesetzt und ist näher getreten. Jetzt hält sie den Atem an. Weit weg, in der Tiefe, sieht sie auf einem Innenhof zwischen den Häusern eine Reihe märchenhafter Tiere, etwa acht Pferde, die unter dem Scheinwerferlicht im Schritt gehen, traben, wenden …

»Ja, ja, du darfst«, sagt sie, bevor sie die Lampe ausknipst.

Als ihre studierende Tochter in ein möbliertes Zimmer zieht, sucht Marie Anne nach mehr Beschäftigung. Das ist überhaupt kein Problem. Die Frau, die nachts nicht mehr besonders gut schläft, die Schwierigkeiten mit dem Gehen hat, wird eingesetzt, um Blumen zu arrangieren, Geld einzusammeln, Gefangene, Invalide, Alte zu besuchen, senile Leute mit Brei zu füttern. Einmal, an einem Wintertag, zeigt ein böser alter Mann hinaus, dort steht ein Baum mit kahlen Ästen.

»Himmelherrgottnochmal!«

Marie Anne folgt seiner bebenden Hand. Ihre kurzsichtigen Augen entdecken, daß ein Meisenhäuschen, das schief an einem Nagel hängt, trotzdem bewohnt ist.

»Noch einen Löffel«, bittet sie verlegen

Manchmal, wenn sie schrecklich müde nach Hause kommt, geht sie in das kleine Zimmer, das nach hinten raus liegt. Die Pferde in der Ferne sind immer da. Sie üben einen Reiz aus, der ein ganzes Stück größer, ein ganzes Stück verständlicher ist als das Bett. die vergessenen Poster an der Wand und die Kleider, die ihre Tochter liegengelassen hat. Eines Tages stellt ihr das Mädchen seinen Freund vor. Der junge Mann ist überzeugend. Von Beruf ist er Reitlehrer, Jockey und Hufschmied, sie ist Tierärztin: Ihre Zukunft liegt nicht in diesem kleinen Land, nicht in Europa, sondern in der Weite der australischen Ebenen. Marie Anne schaut auf die schwarzen Augenbrauen und den Glanz der Augen. Sie versteht, was ihre Tochter fasziniert. Auch als das Paar abgereist ist und sie, zurückgeblieben, geistesabwesender denn je, hinausschaut, auf den Innenhof in der Ferne, versteht sie, was das Kind fasziniert hat ...

Heute ist ein Brief eingetroffen. Ihre Tochter schreibt, daß sie, ihr Mann und die Kinder doch noch nicht kommen. Marie Anne legt die Brille auf den Tisch und reibt sich mit den Fingerknöcheln die Augen. Dann geht sie in die Küche. Zucker, Kakao mit Wasser anrühren und zum Schluß die kochendheiße Milch. Es ist ein Montagnachmittag im Winter. Plötzlich hat sie Lust auf einen schönen Film, einen russischen oder italienischen Film mit viel Landschaft. Mit blauem Himmel. Vögeln. Ihr Hut und der Regenmantel hängen an der Tür.

In dem Moment, als sie in den dunklen kleinen Saal schlurft, spürt sie, wie die Kälte aus ihrem Körper verschwindet. Da ist Musik. Da sind reglose Gestalten. Die samtenen Arme eines engen Stuhls umfassen sie. Sie seufzt – Pff! Schnell müde in letzter Zeit! – und stellt die Füße auseinander. Dann schlägt sie die Augen auf. Sie vergißt alles. Auf einem Diwan liegt ein Mann, ein ruhiger, sympathischer Mann, der kaum mehr tut als schauen. Schauen auf die Sonnenflecken auf dem Fußboden, das Gras, da sind die Hügel ... eine Frau in Sommerkleidern hat eine Frisur aus strahlendem Licht ...

Today, nearly summer, there's plenty!

Wo kommen diese Worte auf einmal her? Marie Anne lacht, schmatzt mit den Lippen und sinkt vornüber. Für einen Moment verspürt sie einen entsetzlichen Schmerz – sie ist zwischen den Stühlen zu Boden gefallen –, dann ist tief innen in ihrem Kopf etwas passiert, zustande gekommen, eine chemische Reaktion, könnte man meinen, und während sie rückwärts davongetragen wird, in einem süßen Duft, unter leisem, friedlichem Schnarchen, sieht sie eine Ebene in der Ferne – oh, das Leben, das Leben, schau doch nur!

Aber sie hat bereits losgelassen, sie ist bereits weg. Marie Anne Hooghoudt, fürs Glück geboren ...

Nenn mich einfach Tony

An diesem Tag hatten wir im Prinzip eine Stinklaune. Als wir nach unten kamen, schauten wir auf die Uhr, ohne erkennen zu können, wie spät es war. Wir begriffen, daß es den ganzen Tag über nicht hell werden würde. Draußen war alles noch weiß, aber das Tauwetter, das in der Nacht eingesetzt hatte, hielt an. Erbost sahen wir, daß die Schneepolster, die den Gemüsegarten bedeckten, löcherig wurden. Dicke weiße Äste wurden grau und tauchten wie ersoffene Katzen auf. An den Eiszapfen am Rand des Verandadachs lief das Wasser in dünnen Strahlen herunter, es floß in den Schnee und nahm unsere Pläne für diesen Tag mit. Wir verkrochen uns traurig auf den Diwan und dösten mit im Nacken verschränkten Händen vor uns hin. Der Raum schwebte im Düster. Daß der Vormittag verstrich, sagte uns unser Magen.

Als es zwölf schlug, tauchte unsere Stiefschwester in der Tür auf.

»Was macht ihr hier im Dunkeln?«

Uns mies fühlen.

»Kommt Tony noch?« fragten wir.

Sie knipste eine Schirmlampe an, gab uns einen Teller mit Apfelkrapfen, etwas labberig, schade, und begann das Feuer im Kamin zu schüren. Dabei machte sie schrecklichen Lärm, nicht nur mit dem Schürhaken und der Zange, sondern auch, unter eifrigem Ellbogengefuhrwerke, mit einem uralten Blasebalg. »Um wieviel Uhr kommt Tony...«

Wir seufzten erleichtert, als sich unsere Stiefschwester, rotes Haar, in grüne Wolle gekleidet, wieder im stillen Universum des Wohnzimmers auflöste: Stühle und Tische, ein Büfett mit einem Aufsatz voller Teeservice, Vorhänge, hinter denen es taute …

Er kam erst Stunden später. Gerade als wir uns klamm aufrichteten, halb ertrunken in einem Meer von Schatten, sahen wir ihn im hinteren Teil des immer noch leuchtenden Gartens auftauchen.

»Er geht wirklich ein bißchen … ein bißchen …«

»Och …«

Man konnte es wegen des Schnees eigentlich nicht richtig sehen. Tony lief, seit einem Monat wieder an Land, breitbeinig. Er zog die Schultern hoch. Er schob die Fäuste in die Joppentaschen. Er beugte sich zur Seite und spuckte. Er trug die Mütze bis über die Augenbrauen und redete und schrie in einer Tour: So war er gestern mit uns durchs Dorfzentrum gegangen, die Leute schauten.

Und wir schauten auch.

»Ein verdammter Scheißkahn, diese Walfabrik«, tönte es leidenschaftlich zwischen uns, »und dann das Eis, überall dieses verdammte Scheißtreibeis!« – und schon sahen wir, mitgerissen von seiner Redegewalt, die *Willem Barentsz* in den Gewässern des Südlichen Eismeers kreuzen und unter der sechshundertköpfigen Besatzung unseren Bruder.

Der Himmel war blau. Das Eis weiß. Und das Meer, Jesses Maria, eine einzige Superfontäne aus Wasser und Luft, denn das Schiff war in eine Schule Finnwale geraten, die zufällig alle zur gleichen Zeit aufgetaucht waren, um Luft zu holen und auszublasen.

Tony überquerte die Straße. »Am Anfang der Saison sind sie noch gar nicht scheu«, schrie er, »dann sind es, verdammich, die hilfsbereitesten und freundlichsten Burschen der Welt!« Er stieß eine Ladentür auf.

Der Mann hinter der Theke sah uns an.

»Erst später kapieren die Scheißviecher, daß sie gejagt werden!«

Päckchen schweren Shag. Zeitschrift *Lachparade*. Lutschbonbons. Während wir mit dicken Backen die Dorfstraße hinuntergingen – Tony drehte sich eine und zündete sie an –, dachten wir an das Leben auf dem Ozeandampfer, der vor einem halben Jahr mit zehn kleineren Fangbooten in die Antarktis aufgebrochen war. Du stehst mit den Fingern in Halbhandschuhen an der Reling. Du siehst das riesige Deck mit seinen Winden und Kränen und links zwei massive Schlingerblöcke, die bei rauher See dafür sorgen, daß diese irrsinnig schweren Kadaver die Reling nicht durchbrechen. Das sagt dir noch nicht soviel. Der Wind und deine kalte Nasenschleimhaut sagen dir vorläufig mehr, du verkriechst dich in deine Joppe und schaust. Was ist Meer, was Land, gestern hast du auf einer Eiszunge zwei Schneeleoparden gesehen, du mußt dich an deine Fehleinschätzungen erst noch gewöhnen. Vögel fliegen über dich hinweg. Als du wieder nach unten schaust, fühlst du dich nicht ganz wohl in deiner Haut. Im dunkelgrünen Wasser schwimmen riesige, noch durch nichts erschütterte Tiere gutmütig neben dir her, du bist gekommen, um zu jagen.

Er war der Jüngste. Er war der Einfältigste und ohne Zweifel aus diesem Grund der Liebling des Kapitäns, ein hinkender Fünfziger von altem Schrot und Korn: Wenn es sich so ergab, harpunierte der selbst noch gern. »Für einen Jäger, mein Junge«, hatte er zu Tony gesagt, »bedeutet ein Tier nicht nur Nahrung oder Geld, für einen Jäger ist ein Tier vor allem etwas, was man ständig im Kopf hat.«

Tony senkte die Stimme. In theatralischem Flüsterton begann er uns zu erzählen, wie diese Denkweise des Alten eines Tages krankhafte Formen angenommen hatte.

Ein Tag wie jeder andere, klar, nicht zu kalt, sie hatten am Vormittag alle halbe Stunde ein Tier erlegt, das Meer war rot vor Blut. Tonnen um Tonnen Fleisch waren längsseits geschleppt worden. Einige Biester wurden mit Luft aufgepumpt, damit sie weiter schwammen, andere hievte man durch das Kadavergatt an Deck, Schwanz ab, Flossen ebenfalls, und rin ins Meer, Haie und Orkas stritten sich darum. Dann, bevor das Echolot irgend etwas geortet hatte, tauchte an Lee noch ein Wal auf. Es war, so was kommt ziemlich selten vor, ein Pottwal.

»Das Biest verhielt sich total bekloppt«, sagte Tony. »Es ließ sich ein bißchen auf den Wellen schaukeln, wälzte sich auf die andere Seite, blies dann seinen Strahl in die Höhe, psst!, versteht ihr, so als würde es die zwei oder drei Jäger, die in der Nähe waren, mit seinem komischen Quadratschädel auslachen. Aber bis dahin: null Probleme.«

Tony blieb stehen und warf uns einen feierlichen Blick zu.

»Und jetzt werd ich euch mal erzählen, wie der Alte reagierte, als dieses Wahnsinnstrumm, keine fünfzig Faden von ihm auf der Brücke entfernt, ihm die Flanke zeigte: seinen dicken Speckmantel, in dem, verdammt, wenn's nicht wahr ist, eine alte Harpune steckte!«

Wir sahen ihn abwartend an.

»Und, was glaubt ihr, wie er reagierte?«

Der Kapitän befahl ein Fangboot längsseits. Er kletterte die Leiter hinunter, der Lieblingsschiffsjunge mußte mit. Tony war etwas mulmig zumute in dem kleinen, heftig schaukelnden Boot, aber er überlegte sich, daß die Sache in neunundneunzig Prozent aller Fälle doch gut ausging. Der Alte gab immer neue Kurse an. Etwas weiter nördlich, etwas weiter südlich, denn der Pottwal war mit einem Affenzahn abgezischt. Den plumpen Kopf erhoben, schwamm er da, und genau auf diesen Kopf schoß der Alte, hinter seiner Kanone, die achtzig Kilo schwere Harpune ab, die erste, denn er verfehlte sein Ziel, und jetzt sieh dir bloß mal dieses Hinkebein an: Da tanzt er vor lauter Frust rum und läßt blitzartig neu laden, denn der Fisch liegt gut voraus. Ein zweiter Schuß. Ein Projektil an einer Nylonleine, und diesmal ein Treffer. Als sich der Schaum in der Ferne rot färbt, tanzt der Alte schon wieder rum.

»Das schlägt ihm den Spund aus dem Leib!«

Den Spund, ja, die Beute war getroffen, und die Blasfontäne war nicht mehr weiß, sondern rosa. Und trotzdem ging's schief. Genau in dem Moment, als sie an Bord die Leine belegten, machte der davonschießende Koloß in einem ungestümen Moment so viel Fahrt, daß das Nylon riß. So kam es, daß Tony auf dieser Fläche aus Eis und Wasser zum drittenmal hörte: »Da! Da springt er! Da ist sein Schwanz!« Und wieder die glühende Leine davonschießen sah …

Er tauchte im Garten auf. Bevor er auf die Idee kommen konnte, in den Hauswirtschaftsraum zu gehen, wo unsere Stiefschwester über der kochenden Wäsche stand, hatten wir die Wintergartentüren schon aufgestoßen.

»Blöder Regen«, sagte Tony, und als er an uns vorbeistapfte, merkten wir, daß er gar nicht nach Regen roch, sondern noch immer nach dem Eis des Südpols von gestern.

Wir nahmen seine Joppe und die Mütze, die man regelrecht auswringen konnte, und zogen ihn ins düstere Wohnzimmer, wo ihm kaum etwas anderes übrigblieb, als sich nach einem Schubs von uns in den Sessel neben dem Feuer zu hauen.

»Und dann?« fragten wir kiebig, denn es fuchste uns noch immer, daß er gestern, gerade, als wir bis in die

Zehenspitzen hinein spürten, wie der Pottwal durchs Wasser fegte, verwundet, aber noch stolz und wütend genug, diesen elenden Kerlen einen neuen Streich zu spielen, daß Tony da plötzlich einem entfernten Bekannten in die Arme gelaufen war, der ihn auf Fußball ansprach und widerlicherweise nicht wieder lockerließ, bis sie vor der Kneipe standen.

»Dann ...?« wiederholte Tony lahm.

»Dann der Pottwal!« riefen wir.

Langsam wurde er wach.

»Erst ein Bier.«

Ein Sprint, und schon waren wir wieder da. Ein paar rasch geöffnete Flaschen, und dann beanspruchten wir, auf einem Smyrnateppich vor dem Kamin, Aufmerksamkeit. Tony fuhr sich mit dem Handrücken über den Mund. »Och ...« In einem Ton, der uns nicht sehr gefiel, sagte er: »Was glaubt ihr denn, bei diesen modernen Methoden hat der Wal, wenn's hart auf hart kommt, keine Chance.«

Wir warfen ihm einen kalten Blick zu.

»Erzähl das deiner Großmutter. Eine Chance ist immer drin.«

Anders als wir erwartet hatten, beharrte unser Bruder auf seiner Meinung.

»Nicht bei diesen Harpunen«, sagte er.

»Welchen Harpunen?«

»Solchen mit einer Granate vorne drin.«

Einen Moment lang verschlug es uns die Sprache. Dann sagten wir: »Angenommen, so eine Granate geht nicht los ...«

Tony lümmelte sich noch tiefer in seinen Sessel. Wir hörten die Federn krachen. Noch immer mit dieser trägen, gleichgültigen Stimme, die er manchmal am Leib hatte, sagte er: »Sobald die Harpune in das Vieh eingedrungen ist, explodiert die Granate.«

Unsere Hände glitten von seinen Knien.

»Die Krallen der Harpune klappen auseinander. Die Waffe sitzt. Das verwundete Tier schwimmt dann natürlich weg, so schnell es kann, es taucht unter, aber tja, es sitzt an dieser Scheißleine fest. Die Jäger geben ihm erst mal etwas Luft, vielleicht ein paar hundert Meter, und dann, großer Gott, ja, dann setzen sie ihn fest. Sie kommen näher und schießen noch mal. Und noch mal. Bis er hinüber ist.«

Tony schwieg. Auch wir hielten den Mund. Im Dämmerschein des Feuers wurden unsere Lider schwer.

»Na ja«, murmelte Tony noch und bückte sich, um eine der Bierflaschen beiseite zu stellen. »Es ist auch nur ein Beruf. Soll man deswegen nachts wachliegen?« In seiner Stimme lag etwas Versöhnliches.

»Du verstehst das nicht, Tony«, antworteten wir leise und drohend.

Er stand auf. »Moment mal«, und ging zur Tür.

Während wir warteten, bis unser Bruder mit Pinkeln fertig war, merkten wir, daß es trotz des Kaminfeuers im Zimmer kälter wurde. Uns war gar nicht mehr warm. Auch hörten wir ein leises Pfeifen, das wir anfangs nicht einordnen konnten, und Wassergeschwappe, was uns ziemlich überraschte. Dann wurde uns klar, daß etwas Besonderes geschah, denn mit einemmal strich uns ein entsetzlicher Fischgeruch an der Nase vorbei, und im selben Moment sahen wir, in einer tiefstehenden kalten Sonne, ein stampfendes kleines Boot im Wasser, eine altmodische Holzschaluppe mit Ruderern, einem Steuermann und einem Harpunier mit 'nem Hinkebein, der gerade die Harpune von der Gabel nahm ... und dieses leise Pfeifen, das also war der Polarwind, der uns über eine Entfernung von Abertausenden von Kilometern Eiswüste zu fassen gekriegt hatte.

Tony kam zurück. Er machte keineswegs Augen, als er

all das Wasser und das Boot sah, sondern wiederholte im gleichen versöhnlichen Ton wie eben: »Es ist auch nur ein Beruf.«

Nun, das sahen wir inzwischen auch. Die Sicht war jetzt so gut, daß wir bestens mitverfolgen konnten, wie die Männer in dem kleinen Ruderboot einem Walfisch von übernatürlicher Größe zu Leibe rückten. Das Ungetüm hing zwar an der Leine, ein Eisen saß bereits, aber es flüchtete mit derart spielerischer Leichtigkeit, daß die Walfänger jetzt doch gut daran taten, auf ihr Paradekunststück zurückzugreifen: das Lanzen.

»Besonders das Lanzen ist schwer, nicht?« sagten wir zu Tony.

Er nahm mit einfältigem Gesichtsausdruck die Bierflasche vom Mund. »...?«

Wir aber gaben keinen Daumenbreit nach.

»Und nur mit der Lanze, nicht wahr? Nicht mit der Harpune.«

Tony gab sich allmählich geschlagen.

»Die Harpune ist zu schwer.«

»Zu schwer?« fragten wir scheinheilig, als könnten wir nicht selbst genau vor unserer Nase sehen, um wieviel leichter und länger die Lanze war, die der Kapitän, kerzengerade in der voranschießenden Schaluppe stehend, jetzt in der Hand hielt.

»Zum Teufel, ja.« Wir hörten, wie Tony in Fahrt kam. »So mußt du sie halten, die Scheißlanze, genau so, locker in der Hand. Und dann richtest du sie auf das Scheißvieh, das sich da aus dem Staube macht, und dann schaust du noch mal an ihr entlang und stellst dich auf die Zehenspitzen und richtest, ohne zu atmen, die Scheißspitze senkrecht in die Scheißluft ...«

Und dann bekommst du den Bogen. Den Bogen aus blinkendem Stahl, etwa zwölf Fuß lang, vor einem in der tiefstehenden Sonne erglühenden Himmel. Wir sahen bangen Herzens zu. Der Wurf war gekonnt, aber uns überlief es kalt. Wir spürten, daß die fliegende Klinge jeden Moment in einen befreundeten dicken, weichen Bauch dringen konnte.

Der Abscheu davor, das mit ansehen zu müssen, muß uns übermannt haben, denn auf einmal mischte sich unser Unterbewußtsein störend ein: Die Welt wurde grau. Genau wie wenn wir im Begriff waren, in der Kirche umzukippen, wurde die Welt grau, mit tanzenden Lichtpünktchen, und sosehr wir uns auch anstrengten, um das Boot und den Wal nicht aus dem Auge zu verlieren, die Wirklichkeit sah so aus: Wir wurden gegen unseren Willen mit einer Traumvision traktiert, die nicht öder und blöder hätte sein können – dem einfältigen Gesicht einer Frau, die mit einem Tablett in den Händen auf uns zukam.

»Los! Gib's ihm!« hörten wir Tony schreien.

Und während dieses Spukbild einer Frau uns ein spukhaftes Glas Limonade in die Hand drückte, setzte im Hintergrund bösartig brüllend ein Chor ein.

»Hol ein, hol ein! Buh! Leine naß machen! Nach achtern, alle Mann!«

Erst als das Weib, rotes Haar, gekleidet in grüne Wolle, endlich abdampfte, kamen wir wieder zu uns. Der Nebel lichtete sich. Wir wandten uns wieder der Seeschlacht zu.

Da hatte sich einiges geändert. Aus dem Körper des Wals ragten diverse Harpunen und Lanzen. Und überall schwang Tauwerk. Was uns freilich am stärksten berührte, war, daß das heftig blutende Tier in nichts mehr dem im Grunde gutmütigen Kraftprotz glich, den wir hatten fliehen sehen, der Fisch nahm Rache. Er schwamm mit aufgerissenen Kiefern auf die Schaluppe zu, tauchte, zerschmetterte beim Hochkommen mit seinem Schwanz den Bug und wälzte sich so rasend auf die

Seite, daß das Boot kenterte und die Ruderer zuerst gut vierzig Fuß in die Höhe und dann in die schäumende See geschleudert wurden. Und einer dieser Ruderer war unser Bruder.

Wir hörten ihn leise sagen: »Nach dem soundsovielten Wurf haben wir den Alten regelrecht angefleht, es gut sein zu lassen.«

Wir schüttelten den Kopf. »Nicht die geringste Chance, was?«

»Nein. War der Kerl stur!«

»Unserer Meinung nach war er verrückt.«

»Ja. Als wir noch mühelos weggekonnt hätten ...«

Er brach ab.

Wir sagten: »Da sah er, wie der Wal wieder auftauchte und, das war das schlimmste, sich die Sache in aller Seelenruhe ansah.«

»Der Alte fing an, wie ein Wilder zu fluchen.«

Als Tony nach einer Weile wieder sprach, klang seine Stimme so leise, daß wir ihn fast nicht verstehen konnten.

»Das Wasser war kalt. Es zog an den Kleidern und zerrte einen in die Tiefe. Ich weiß noch, daß ich gar nicht an den Walfisch, sondern an die verdammten Scheißhaie dachte. Wir sind alle ertrunken.«

Ende, Stille, und da kam unsere Stiefschwester herein.

Sie knipste das große Licht an und sah sich im Zimmer um. Ihr Gesicht verfinsterte sich beim Anblick des nassen Chaos. Im Nu war sie zurück mit Lumpen und Eimer, und obwohl sie sich mit dem gewohnten Ungestüm an die Arbeit machte, konnten wir doch noch sehen, daß zwischen den Haien im tosenden Meer ein Delphin schwamm. Das Tier stieß mit der Schnauze einen eigentlich bereits ertrunkenen Jungen an, zufällig unser Bruder.

»Füße hoch.«

Wir sahen, wie Tony und der Delphin an einem unbeschreiblich milden Morgen eine sonnige Küste erreichten.

»Na? Wird's bald?«

Wir zogen unsere Füße in den durchweichten Schuhen hoch, damit unsere Stiefschwester den Boden aufwischen konnte.

Jennifer Winkelman

Eines Nachmittags im Oktober ging ich zum Friseur. Ich spazierte durch die Alleen von B., die Füße im vertrockneten Laub der Kastanien, der Ahorne, und fühlte mich leicht und wohl. Die Sonne warf kupferrote Lichtbündel durch die schweren, bereits wieder sichtbaren Äste der Bäume, die auf dieser Seite der Bahnlinie, wo die Gärten groß und verwahrlost sind, selten beschnitten werden. Die Luft hatte die Art von berauschender Ausdünstung, die einen in die eigene Babyzeit zurückversetzt – Kinderwagen, Garten –, zu der allerersten, beifällig und gerührt gemachten Erfahrung mit den Jahreszeiten. Ich spazierte in blindem Vertrauen dahin. Alles deutete darauf hin, daß die kommende Woche mir bringen würde, wonach ich mich sehnte. Windstille. Auf der Stelle treten. Eine himmlische Leere zwischen dem vergangenen Sommer und dem nahenden Winter. Wir hatten Herbstferien.

Ich bin Englischlehrerin. Schon vierzehn Jahre lang unterrichte ich in der Oberstufe des Athenäums, angenehme Beschäftigung, muß ich zugeben, obwohl nichts von dem, was ich zu sagen habe, ja, rein gar nichts die Neugier der schläfrigen Wesen zu erregen vermag, die in den Bänken vor mir sitzen. Die Sonette von Shakespeare sind fast alle einem jungen Mann gewidmet. Bereitwillig schreiben sie mit, meine Schüler, hier und da blickt einer zu mir auf, ohne Aufmerksamkeit, ohne auch nur zu bemerken, daß mein älter werdendes Gesicht von langem, glänzend schwarzem Haar umrahmt ist. Wer, in Gottes Namen, war Shakespeare?! Mein Haar ist mein ein und alles. Ich weiß genau, daß meine etwas fahlen Augen belebt und die Falten zu beiden Seiten der Nase gemildert werden durch die Extravaganz meines Haars. Solange ich zurückdenken kann, habe ich es lang getragen.

Da waren die Bahnschranken. Ich kam ins Zentrum des Dorfs. Auch hier herrschte trotz der einkaufenden Leute eine Atmosphäre der Ruhe, des Abwartens – eine Katze überquerte mit erhobenem Schwanz den Radweg, ein alter Mann war auf der Caféterrasse eingeschlafen –, summend erreichte ich die Brinklaan, an deren Ende der einzige anständige Friseursalon weit und breit liegt.

Man kennt mich dort. Man weiß, daß man mit mir gar nicht erst über den allerneuesten Schnitt zu reden braucht, über die allerneueste Dauerwelle, die die Haarstruktur so gut wie intakt läßt. Mein Haar wird nicht abgeschnitten. So zerstreut ich die Ereignisse in meinem Leben auch aufnehme, so unwissend ich bezüglich meiner Vergangenheit, meiner Jugend auch bin, eines steht fest: Ich bin von Natur aus eine langhaarige Frau. Ich stieß die schwere Glastür auf, grüßte und ging zu den Waschbecken im hinteren Teil des Salons.

»Ja«, sagte ich wenig später zu der jungen Friseuse hinter mir. »Glauben Sie's oder glauben Sie's nicht, aber so ist es.« Mein Haar war gewaschen. Ich saß jetzt in der Mitte des Raums, an einer Doppelreihe zusammengestellter Frisiertische, die durch Spiegel voneinander getrennt, aber nicht abgeschirmt waren.

»Die Schulen sind gerade wieder in Gang«, fuhr ich fort, »jeder ist so fit wie sonstwas, und da, bitteschön: eine ganze Woche Ferien!«

Das Mädchen hob vorsichtig meine nassen Haare hoch und drapierte einen Frisierumhang um meine Schultern. »Fahren Sie noch weg?«

»Bestimmt nicht, mein liebes Kind, o nein. Bloß keine Hektik und Rennerei.« Und ich streckte meine Beine aus und schloß die Augen, um mich den kreisenden Fingern auf meinem Schädel, dem Duft von Shampoo, von Haarwasser hinzugeben, irgendwo rauschte ein Fön, irgendwo wurde eines der beiläufigen Gespräche, die für diese Art von Atmosphäre so typisch sind, intim, oberflächlich, durch leises Lachen unterbrochen ...

»... ja ja«, hörte ich, »das weiß ich. Aber ich fahre in einer Woche schon wieder weg.«

»...?«

»Nicht gleich, nein. Erst muß ich in London meinen Mann abholen. Später, noch in diesem Monat, fliegen wir weiter...« Der Fön verstummte. Die Stimme erhielt auf der Stelle ihren vollen Klang. »... Buenos Aires.«

Ich schlug die Augen auf und sah sie. Am Frisiertisch schräg gegenüber beugte sich eine Frau vor, um im Spiegel zu betrachten, was man mit ihr angestellt hatte. Sie mochte etwa so alt sein wie ich, um die Vierzig höchstens, und sie betrachtete sich, fand ich, wie man manche Mütter ihre Kinder betrachten sieht, wehrlos, freundlich staunend; freundlich staunend schien sie die vertrauten strahlend blauen Augen in sich aufzunehmen, den rotgeschminkten Mund, die Linie von Kiefer, Kinn und Nase – sehr fein alles – und die Frisur, die man ihr an diesem Nachmittag gemacht hatte, kurz, flott, blond, und auf einmal, als sie zu lächeln begann und dem Friseur zunickte, der an ihrem Hinterkopf mit einem Handspiegel herummanövrierte, dachte ich, fast erschrocken: Aber die kenne ich! Die kenne ich irgendwoher!

»Kommst du?«

Sie war aufgestanden. Sie hatte ein Kind gerufen, ein Mädchen, das brav neben der Kaffeemaschine gesessen und gemalt hatte. Man half ihr in den Mantel, sie zahlte und verschwand nach einem völlig unpersönlichen Lächeln in meine Richtung mit ihrem Töchterchen nach draußen. Die Brinklaan. Herbstsonne. Eine Frau, die mit ihrem Kind nach Hause spaziert. Verflixt noch mal, wer war das?

»Sagen Sie mal«, wandte ich mich nach einer Pause an die Friseuse, die gerade vier rote Lampen rund um meinen Kopf installierte. »Ich bin so vergeßlich, ich kenne die Dame, die gerade weggegangen ist, aber ihr Name ... ihr Name ...« Ich schnippte ungeduldig mit den Fingern.

»Das ist Mevrouw Winkelman. Sie wohnt die Hälfte des Jahres in Südamerika. Ihr Mann ist Dirigent.«

Vom Rest des Friseurbesuchs weiß ich nichts mehr. Plötzlich ging ich wieder auf der Straße, die Sonne war gesunken, der Wind hatte aufgefrischt, mit beiden Händen hielt ich mein Haar fest, als ich sie plötzlich aus einem Laden kommen sah, einem Antiquitätengeschäft, sie hatte etwas Schönes gekauft, etwas, das in einer Schachtel verpackt war, die das Kind mit einer gewissen Ehrfurcht trug. Ohne groß nachzudenken, rannte ich los.

»Entschuldigen Sie bitte ...«

Sie drehte sich halb um und sah mich an, und wieder wußte ich ganz genau, wir hatten zusammen etwas erlebt, unsere Wege hatten sich schon früher gekreuzt. Eine Erinnerung, die ich noch nicht klar erkennen konnte, vorläufig erst eine Aussparung, begann sich in mir zu regen. Ich glaube, meine Stimme hat etwas schrill geklungen.

»Sie sind Mevrouw Winkelman. Der Name sagt mir, wenn ich ehrlich bin, nichts. Aber vielleicht kann mir Ihr Mädchenname einen Anhaltspunkt liefern, und vor allem: Ihr Rufname. Darf ich wissen, wie Ihr Rufname lautet?«

Die Haut unter ihren Augen hatte die Blässe zertretener Blütenkelche. Sie war müde.

»Jennifer.«

Der Name fiel wie ein Holzklotz zwischen uns. Ich schüttelte bedauernd den Kopf. Bedauernd, gewiß, doch meine Entschlossenheit wuchs dadurch nur noch. Mochte ihr Name auch eine Fehlanzeige sein, ein dumpfer Schlag, ihre ganze Erscheinung und alles darum herum sprach von einem gewissen Ereignis, einem wunderbaren, herrlichen Geschehen in ihrem Leben, bei dem ich durchaus nicht unbeteiligt gewesen war.

Ihre kleine Tochter begann von einem Bein aufs andere zu treten. Ich merkte, daß Jennifer Winkelman weitergehen wollte.

»Wir haben uns gekannt«, sagte ich hastig. »Vielleicht auf der Universität, vielleicht auf dem Gymnasium.«

Sie reagierte nicht.

»Voorschoten«, sagte ich testend. »Die Benediktinerinnen, ach, weißt du noch, wie Schwester Sidonie vor Wut die Fäuste ballte, hinter dem Rücken, hinter ihrem blanken schwarzen Rock ...«

Leicht schwindlig senkte ich den Blick. Sie muß gedacht haben, daß ich auf das Päckchen in den Händen ihrer Tochter schaute.

»Wir haben einen kleinen Clown gekauft«, sagte sie. »Einen blauen Metallclown auf einem Roller, der herumfährt, wenn man ihn aufgezogen hat ...«

Ich sah sie die Straße hinunter verschwinden, zwischen den langen Schatten des Herbstnachmittags.

Nun hörte ich eine Woche lang auf zu denken. Die Frage »Wer ist Jennifer Winkelman?« war keine Frage, sondern eine Wirklichkeit, ein lyrischer Ausruf, der, als Teil meiner selbst, mein gesamtes Tun und Lassen bestimmte. Sowie ich an diesem Nachmittag zu Hause ankam, begann ich zu suchen. Noch im Mantel ging ich durch die Zimmer meiner Wohnung und sah mich um. Es sind hübsche Räume. Auf den alten Parkettböden liegen Teppiche, die Wände sind bis auf halbe Höhe mit schwarzem, hie und da angesengtem Djatiholz getäfelt, neben dem Kamin steht eine Ledercouch, weich wie ein noch lebendes Tier, von der aus man auf den verwilderten Ahorn der Nachbarn blickt. Unter einer Reproduktion der *Mona Lisa* steht mein Schreibtisch.

Ich zog die Schubladen auf. Auf Knien nahm ich Mappen und Papiere heraus und blätterte sie, Haarsträhnen hinter die Ohren streichend, wider besseres Wissen durch.

Denn eines war sicher: Das Wunder, das mich wie durch Zauberhand begonnen hatte zu betören, das Wo und Wann meines Glücks, konnte unmöglich in diesen Dokumenten zutage treten, die alle aus der Zeit nach dem Brand stammten. Vor zwei Jahren war auf dem Fell vor dem Kamin eine Flasche Spiritus umgefallen, und ich muß zugeben, daß die daraufhin eintretende Verwüstung etwas Grandioses hatte. Ausgerechnet ich, mit meiner ungeheuerlichen Vergeßlichkeit, verlor Fotos, Tagebücher und eine Briefmarkensammlung, die ich seit meiner Kindheit laufend ergänzt hatte. Ich knipste die Schirmlampe an und starrte auf das Protokoll eines Lehrerarbeitskreises. Mein Lebenslauf ruhte nirgends sonst als auf dem tiefen, stillen Grund meines Gedächtnisses.

Als ich 1945 geboren wurde, waren meine Eltern schon nicht mehr jung. Sie hatten beide graue Haare und einen schweigsamen, außerordentlich sanften Charakter, und man kann sich fragen, womit sie es verdient hatten, während eines seltenen gemeinsamen Urlaubsausflugs ausgerechnet den Reisebus zu nehmen, der in einer Augustnacht in der Nähe des jugoslawischen Karlovac aus der Kurve flog. Mein Bruder und ich blieben folglich bei unserer Tante, einer Frau, die mit den Jahren immer jünger wurde, geblümte Kleider zu tragen begann, Wasserpfeife rauchte und uns im Vorgriff auf die Freizügigkeit einer etwas späteren Zeit keinerlei Steine in den Weg legte. Nun, mein Bruder ging auf Trampschiffahrt, ich mietete ein Zimmer in einem Studentinnenwohnheim in Leiden. Mager, schüchtern, mit schwarzen Haaren, die mir halb ins Gesicht und bis über die in einen engen, ebenfalls schwarzen Pulli gezwängten Schultern fielen, so muß ich mich in den Hörsälen und auf den Straßen präsentiert haben. Trotzdem gab es Affären. Sensible, schlaue, ungeduldige, stolze junge Männer suchten die Kühle meiner Aufmerksamkeit und die Wärme meines Körpers. Mit sechsundzwanzig bekam ich eine feste Stelle in B... Gähnend erhob ich mich. Mein Gesicht war starr vor Hunger. Aus dem Geflecht dieser Fakten, dieser festen Materie, in der ich in vielerlei Gestalt umherspukte, war heute ein winziges hauchdünnes Element unverändert auf mich zugetrieben.

Am nächsten Tag wurde ich mit dem Nachhall einer vollständigen Bemerkung in meinem Kopf wach. »Wir haben einen kleinen Clown gekauft. Einen blauen Metallclown auf einem Roller, der herumfährt, wenn man ihn aufgezogen hat...«

Ich schob das Laken von meinem Gesicht und schaute auf den Wecker. Zehn Uhr, wie lang ich geschlafen hatte, ab zehn Uhr vormittags kann man jemanden ruhigen Gewissens anrufen.

Im Telefonbuch stand dreimal der Name Winkelman. Ich entschied mich für den dritten, für das A. als Vornamen und die Adresse Erfgooiersstraat 18. Es klingelte. Erst in dem Augenblick, in dem ich ihre Stimme hörte, beschloß ich, was ich mit ihr besprechen wollte.

Ich nahm den Apparat in die Hand und fing an, barfuß im Zimmer auf und ab zu gehen.

»Hör zu«, sagte ich. »Es ist möglich, daß es ein Foto gibt, das irgendwann an einem Junimorgen in aller Frühe aufgenommen worden ist, auf dem wir beide drauf sind.«

Ich wartete einen Moment und brachte dann, als keine Reaktion kam, eine Erinnerung an ein Fest aus Anlaß des fünfjährigen Bestehens der Leidener Studentenverbindung zur Sprache, das witzigerweise, wegen der vorgeschriebenen Weste, Westiwal genannt wurde. Der Höhepunkt des Festes, so erwähnte ich, war ein Ball in einem Hotel am Meer. Es kamen tausend geladene Gäste, alles Studenten, darunter zwei Oranierprinzessinnen in trägerlosen Kleidern, die damals noch sehr dick waren, längst nicht so hübsch wie heute. Bei Tagesanbruch gingen viele, in Abendkleid und Smoking, von der Freitreppe zum Strand hinunter, um sich von der viel stärkeren Betäubung durch die Seeluft, die ungewohnte Stunde und die weißen Strandkörbe ausnüchtern zu lassen.

»Wir haben uns zu ungefähr zwölft mit dem Rücken zum Meer hingesetzt, und dann hat einer von uns dieses Foto gemacht ...«

Stille. Dann sagte sie, ein wenig undeutlich: »Nein, nein, ich weiß nichts von diesem Fest.« Sie schwieg einen Moment und fuhr dann fort: »Ich habe in Den Haag studiert, am Konservatorium am Korte Beestenmarkt.«

»Ah ...!« Ich nickte, überrascht und interessiert. »Klavier? Geige?«

»Orgel.«

Inzwischen war ich am Fenster angelangt. Obwohl noch im Nachthemd, öffnete ich es und setzte mich auf die Fensterbank, den Blick auf die gewundene Allee gerichtet, die zu den Bahnschranken führte, hinter denen mir Jennifer Winkelman jetzt, in ebendiesem Moment, erzählte, daß ganz vorn in dem großen Saal des Konservatoriums die Orgel gestanden habe, auf der sie jeden Abend hätte üben dürfen.

»... wie die der Notre-Dame in Paris oder der Kathedrale von Reims, und ich hatte das Gefühl, daß ich das war, die französische Organistin Marie-Claire Alain, die die Gewölbe erdröhnen ließ ...«

Ihre Stimme erstarb. »... die Gewölbe erdröhnen ließ ...« wiederholte sie schwach.

Die Verbindung wurde unterbrochen.

In unbestimmte Gedanken versunken, zog ich mich an. Wie ich es gewöhnt bin, bürstete und kämmte ich mein Haar sorgfältig vor dem Spiegel, wieder löste sich daraus der Geruch nach Frisiersalon. Ich möchte nicht behaupten, daß ich dort, im Widerschein des Vormittagslichts, ganz bei Sinnen war. Während ich mich selbst anstarrte, gab es nur eines, was ich, zunehmend beunruhigt und erschreckt, zu mir durchdringen ließ: Nur noch eine Woche, eine knappe Woche, und dann fährt sie weg! Ach, wer hat nicht schon irgendwann mal in seinem Leben entdeckt, daß Logik und Logik zweierlei ist?

In meiner Eile nahm ich das Auto. Hätte ich das nur nicht getan! Als ich an den Bahnschranken vorbei war, sah ich, daß das Dorfzentrum mit rotweißen Schildern abgesperrt und die Vlietlaan bis zur letzten Lücke zugeparkt war: Heute war Markt. Verärgert bog ich um die Ecke, mühsam vorankommend in einer Menschenmenge, die wie Heimatlose Äpfel, Pullover, alte Tischchen, Matratzen, Töpfe und Pfannen mit sich herumschleppte, folgte ich der Umleitung, bis ich nach gut einer halben Stunde mein Auto in der Nähe der Erfgooiersstraat los wurde, woraufhin ich mit nur noch äußerst geringer Zuversicht ausstieg.

Tatsächlich, sie war nicht da. Ich stand vor dem Haus und hörte das Geräusch der Klingel verhallen. Unschlüssig trat ich einen Schritt zurück und sah hinauf. Die alten Herrenhäuser sind sehr schön renoviert worden. Ich weiß, daß die Drei- oder Vierzimmerwohnungen Luxusbäder und Südbalkone haben. Vormittags sehen die vorderen Fassaden im eigenen Schatten und hinter den riesigen Kastanien, zwischen die man die Gehwege, wie's gerade kam, gelegt hat, sehr verschlossen aus. Sie wohnte im ersten Stock.

Nebenan wurde ein Fenster geöffnet. Ein Greis in violettem Schlafrock fummelte kurz am Haken herum und sprach mich dann leise an.

»Wollen Sie zu Winkelmans?«

»Ja.«

»Die sind zum Markt gegangen.«

Ich ging. Ich ließ mein Auto stehen, bog nach rechts, nach links und stand im Nu zwischen den Verkaufsständen. Und ehe ich mich's versah, entdeckte ich sie. Klein, blond, mit etwas trottendem Schritt, lief sie in meine Richtung, inmitten der Menschenmenge, die an den in Massen ausliegenden Fischen, Krebsen und Muscheln vorbeizog, die Sonne im Gesicht, die kleine Tochter, unvermeidlich, an der Hand.

Ich blieb stehen. Übers ganze Gesicht lachend. Meiner Sache vollkommen sicher. Doch was geschah? Als sie merkte, daß ihr ein Hindernis im Weg stand, schaute sie auf – ich sah, daß sie mich erkannte –, öffnete den Mund, holte, als wolle sie etwas rufen, tief Luft und drehte sich mitsamt ihrer Tochter um, und es dauerte eine ganze Weile, bis ich begreifen wollte, was ihr entschwindender Rücken bedeutete. Ich folgte ihr.

Sie kaufte Kartoffeln, Sirupwaffeln, Kinderpantoffeln … Sie hatte absolut keine Eile und ließ sich durch meine Anwesenheit, etwa zehn Meter hinter ihr, keineswegs hetzen, sie nahm die Pantoffeln in die Hand, besah sich die Sohlen, bückte sich, damit das Kind mit spitzem Finger die blauen Bommeln berühren konnte, und zahlte unter meinen aufmerksamen Blicken, ach! wer weiß, vielleicht hatte sie ihren anfänglichen Unmut bezwungen und begriff, daß alles in Ordnung war, so gutartig wie sonstwas, wer weiß, vielleicht hatte sie Spaß an dieser unsichtbaren Schnur, zehn Meter lang, die den unermeßlichen Abstand zwischen uns überwand. Ich entschloß mich zur nächsten Improvisation. Ich kaufte Kinderpantoffeln und danach Trauben, Käse, Nüsse ... auf dieselbe Waage blickend, nickte ich und flachste mit denselben Händlern wie sie. Wir kamen zu den letzten Ständen. Der wild spritzende Springbrunnen, der Fahrradständer und das Lokal, in dem man einmal in der Woche die Tische zusammenschiebt und zusätzliche Stühle herbeischleppt. Dorthin verschwand sie, mit dem Kind, durch die Tür, die einmal in der Woche den ganzen Tag offenbleibt.

Ich bestellte Kaffee und sah mich erstaunt um. Wo waren sie? Das Lokal war voll, größtenteils Mütter mit Kindern, große, willensstarke Mütter, die sich dort, zufrieden mit ihren Einkäufen, unterhielten und lachten, während sie für ihre Kinder Apfelkuchen bringen ließen. Durch die Wimpern betrachtete ich diese unsterblichen Frauen und fragte mich, wo die andere geblieben war.

Die Tür zu den Toiletten ging auf. Jennifer Winkelman kam mit dem kleinen Mädchen zum Vorschein. Sie sah sich um und bemerkte mich sofort, grüßte oder lächelte aber in keiner Weise. Sie setzte das Kind auf einen Hocker an der Theke und beugte sich, während sie auf die Vitrine mit den Kuchen zeigte, auf den linken Arm gestützt vor. Ich weiß noch immer nicht genau, was mich daraufhin überkam. Ich sah auf das essende und trinkende Kind, auf die Jacke und den Hinterkopf mit dem schönen langen Pferdeschwanz und spürte einen derart rasenden Ekel in mir aufsteigen, daß sich mein Magen zusammenzog. Es kann sein, daß ich daraufhin meinen Kaffee umgestoßen habe.

Jennifer! schrieb ich an diesem Nachmittag. Wenn Du glaubst, wir seien Fremde, dann irrst Du Dich aber gewaltig. Weiß ich etwa nichts von dem Gebäude am Korte Beestenmarkt und dem Saal mit den Rundbogenfenstern und der Orgel? Abend für Abend saßest Du da auf der Holzbank, balancierend, die Finger auf den Tasten, die Füße auf dem Pedal. Balancierend, ja, während Du unverwandt auf die grell beleuchteten schwarzen Noten schautest, auf die Pausen und die Striche, und Dein Territorium bis ins Aberwitzige ausdehntest! Weiß ich etwa nichts von Notre-Dame in Paris, der Kathedrale von Reims und der berühmten Organistin Marie-Claire Alain? Ich habe Dir von dem Fest am Meer erzählt und von der Tatsache, daß ich damals ein Abendkleid trug (elfenbeinweiß, Taftseide). Jetzt fällt mir noch etwas anderes ein. Ich war noch ein Kind, meine Eltern lebten noch, als eines Sommers bei unseren Nachbarn ein Mädchen zu Besuch war, das sich das Bein gebrochen hatte. Es lag immer im Garten, auf einer Bettcouch mit weißen Laken, die bis aufs Gras herunterhingen. Ich ging jeden Tag zu ihr, fasziniert von all dem Weiß, das in der Sonne aufleuchtete, von dem Außerordentlichen dieses Mädchens, beispiellos sauber gewaschen und wegen ihrer Krankheit verhätschelt, blonde Zöpfe, einen Zeichenblock mit leuchtend weißen Blättern auf dem Schoß, und dann dieses gräßliche Ding, dieses dicke weiße Bein, dem ich eines Tages in meiner maßlosen Eifersucht und Liebe einen Stoß versetzte. Du hast wie ein Idiot losgeschrien.

Als ich am Dienstag noch immer nichts gehört hatte, griff ich wieder zum Telefon. Ich stand wirklich vor einem Rätsel. Den Brief hatte ich rechtzeitig eingeworfen, meinen Namen unterstrichen und einen Kreis um meine Telefonnummer gemalt, warum schwieg sie? Es dauerte eine ganze Weile, bevor jemand abnahm. Ich klopfte mit dem Fuß auf den Boden, starrköpfig, ich spürte, daß mein Geklingel sie rief.

Und ja, das Läuten brach ab. Echo, Stille und dann – ich gefror – eine unbekannte Stimme!

»Hallo?«

Erst konnte ich nichts erwidern. Die dunkle, freundliche Männerstimme verschlug mir die Sprache.

»Ich möchte Jennifer Winkelman sprechen«, sagte ich dann.

»Sie ist nicht da.«

»Wie kann das sein?« rief ich aus.

»Sie ist zum Reisebüro ...« Der Ton war ausnehmend wohlwollend. »Soll sie Sie vielleicht zurückrufen?«

Der ausländische Akzent, mit dem der Mann sprach, muß mich getroffen haben. Wer war das, wer konnte das sein? Nicht ihr Mann, nicht der sich in London aufhaltende Dirigent. Der mysteriös abweichende Tonfall gab mir das Gefühl, mit einem gutartigeren, wehrloseren Menschen als üblich zu sprechen. Das führte dazu, daß ich ihm der Einfachheit halber erzählte, daß Jennifer Winkelman eine Bekannte aus meiner frühesten Jugend sei und daß bis auf den heutigen Tag etwas, das zu ihr und zu mir gehörte, makellos, rund und frisch wie eine Luftblase, in meinem Bewußtsein oder tief im Inneren meiner Träume verschlossen gewesen sei.

»Haben Sie etwas zu schreiben da?« sagte ich zum Schluß.

Sorgfältig buchstabierte ich meinen Namen. Ich ließ ihn die Buchstaben einen nach dem anderen wiederholen. Natürlich sollte sie mich zurückrufen, spätestens heute abend.

Rote Autos. Blau und gelb gekleidete Kinder. Violette Herbstastern. Nach einem Streifzug durch das Dorf war ich in der Nähe ihrer Wohnung gelandet. Ein Hund lag schlafend auf dem Gehweg. Ein vorbeiradelnder Junge rief mir ein obszönes Schimpfwort zu. Ich holte gut gelaunt Luft. Meine Stimmung beruhte auf der Sorglosigkeit, die einen überkommt, wenn man weiß, daß alles im Leben einzig und allein einem selbst aufgebürdet wird. Wem sonst? Das macht wahrhaftig nicht traurig. Warum auch? Als ich mich ihrem Haus näherte, sah ich, daß die Eingangstür einen Spaltbreit offenstand. Ich fand das nicht verwunderlich, aber doch bedeutsam. Das ist kein Zufall, dachte ich dankbar, mag ihr Telefon auch wieder einen Tag lang geschwiegen haben, so ist ihr Haus doch sperrangelweit für mich geöffnet. Und ich drückte leicht gegen das lackierte Holz und trat in den Flur.

Nun hat das Betreten des Hauses eines Fremden mir immer schon widerstrebt. Die Konfrontation mit den Sachen eines anderen – Flurläufer, Zählerkasten – ist mir besonders zuwider, die Farbe des Holzes ist nie die meine, und die Intimität der muffigen oder ranzigen Gerüche ist mir einfach ein Graus. Diesmal jedoch machte mir das alles nichts aus. Ich stieg in der dämmrigen Höhle des Treppenhauses empor, als wäre ich dort zu Hause, und stand kurz darauf, ohne auch nur in nennenswerter Weise darauf geachtet zu haben, vor der Schwelle zum Wohnzimmer, ja, auch die Wohnungstür hatte offengestanden, und mir wurde rasch klar, warum: Hier wurde gepackt, hier wurden Koffer weggeschleppt.

Ich hatte offenbar einen Moment der Ruhe getroffen. Die Stille hing wie ein Ballon zwischen den Wänden. In der Mitte stand ein Mann, ich wußte genau, daß es mein Gesprächspartner vom Telefon war: Ein kräftiger Bursche mit dunklem Haar und krausen Koteletten sah mich ohne eine Spur von Verwunderung an und ohne ein Wort zu sagen. Ich wandte den Blick ab. In dem luxuriösen Raum herrschte ein regloses Durcheinander. Ich sah Koffer, Kartons, offene Schubladen und, fast versteckt hinter alldem, auf einem Sofa unter den Fenstern, Jennifer Winkelman. Die Augen geschlossen, auf der Seite liegend, die Hüfte hochgedreht, kein Zweifel, sie schlief. Dann sah ich auch das Kind, das Mädchen. In einem altjüngferlichen Kleid mit schiefem Saum starrte sie mich von der Tür eines Nebenraums aus ungerührt an.

Das war alles. Drei Menschen, von denen einer schlief und zwei mich totenstill ansahen. Alles, ja, einmal abgesehen von dem ganzen Drumherum aus Möbeln, Gemälden, Fotos, Mänteln, einem Spiegel, einer Haarbürste, Teegeschirr, Pantoffeln, Kleider-, Papier-, Zeitungsstapeln, einer Tasche mit einem kaputten Henkel, einer Brille an einer Kordel ... Gegenstände, die mir, das Tableau vivant störend, einer nach dem anderen ins Auge sprangen und deren intensive Häuslichkeit mich, dort an der Schwelle, keine Sekunde deprimierte.

Das Sofa knarrte. Ein Seufzer war zu hören. Sie richtete sich, eine Hand an der Stirn, auf.

»Mein Gott«, murmelte sie bestürzt. »Ich lieg hier und verschlafe die Zeit.«

Sie stand schwankend auf, noch mit einem Gesicht, das von ganz anderen Dingen sprach, und schaute sich das Durcheinander an. Als sie mich sah, zuckte sie entschuldigend mit den Achseln und breitete die Hände aus.

»Meine Tochter und ich reisen morgen ab. Wir sind spät dran mit Packen.«

Ich lachte verständnisvoll.

Der Mann war auch in Bewegung geraten. Er stand neben einem an die Wand geschobenen Tisch, rückte Bücher und Blumen hin und her und knipste einen wattierten Teewärmer auf.

»Kommt Tee trinken«, sagte er. Er blickte von mir zu Jennifer Winkelman. Das Kind war nirgends mehr zu sehen.

Ein paar Minuten saßen wir beisammen, die Ellbogen auf dem Tisch, und unterhielten uns wie alte Bekannte, sachlich, unangestrengt.

»Ich wollte jetzt zur Abwechslung mal mit der Fähre nach England«, sagte Jennifer Winkelman zu mir.

Und ich fragte: »Von wo?«

»Von Hoek van Holland«, sagte sie und blies in ihren Tee. Dann fragte sie den Mann: »Um wieviel Uhr müssen wir morgen los?«

Er dachte kurz nach, rechnete. »So gegen zehn«, sagte er.

Bald darauf schoben wir alle drei unsere Stühle zurück. Sie packten weiter, ich schlenderte nach einem Gruß in Richtung Tür. So war es an diesem Nachmittag, und jedesmal, wenn ich daran zurückdenke, empfinde ich wieder das ganz Normale, das Vertraute der Situation. Ich hatte gedankenlos eine Tasse Tee getrunken und war gedankenlos auf dem Weg nach draußen.

Da sah ich den kleinen Clown auf seinem Roller. Das Aufziehding stand auf einem Hocker neben einem hohen Schrank, kein Wunder, daß ich es nicht schon früher bemerkt hatte. Im Nu kniete ich auf dem Fußboden. Ein metallener Clown in blauer Hemdhose stand auf einem roten Roller, die Arme zum Lenker ausgestreckt, einen Fuß erhoben. Aus den weißen Manschetten ragten weiße Hände, aus den weißen Hosenbeinen weißbestiefelte Füße, und der vollkommene Ernst des weißen Gesichts sprach aus nichts anderem als einem blauen Auge und einer weißen Knollennase, die Zipfelmütze saß dicht darüber. Mir stockte der Atem. Ich spürte nicht mehr, wo ich war. Als mir dämmerte, daß in diesem Moment etwas Überwältigendes vor sich ging, biß ich mir auf die Lippen. Diesen Burschen kannte ich! Ich wußte, daß er, wie er da stand auf seinem klapprigen roten Vehikel, jeden Moment am Lenker drehen, das Vorderrad herumschwenken und in wilden Kurven und Schleifen lossausen konnte, in erster Linie vorwärts, möglicherweise aber auch, unerwartet, rückwärts ... Ich reckte den Hals. An der Seite des einen Stiefels waren winzige Buchstaben zu erkennen ...

»Lemezbrugvar Budapest ...« buchstabierte ich mühsam, und da, ich kann es nicht anders ausdrücken, blitzte ein Leuchtturmfeuer hinter meinen Augen auf, und ich sah sekundenlang ein Wohnzimmer an einem Wintertag. Stühle, Büfett, gedeckter Frühstückstisch, alles lebensecht und nach längst vergessenen Dingen duftend, Brot, Milch, Eau de Cologne, Rasierseife, und zwei hohe Fenster, hinter denen der Schnee makellos weiß herabrieselte, es war mein Geburtstag. Rote, blaue, gelbe, violette Festgirlanden schweben über mir, die Glimmerfenster des Ofens glühen orangefarben, und jemand stellt mir neben meinen Teller einen rätselhaften kleinen Gegenstand, einen blauen, ernsten kleinen Kerl auf einem Vehikel mit Rädern und einer Antriebsfeder... »Paß mal auf, was er gleich macht ...« Ui, lieber Himmel, mein Leben, meine Jugend!

»... Das ist meiner!«

Einen Moment erschrak ich. Dicht vor mir sauste etwas vorbei. Dann rappelte ich mich auf und sah zur Seite. Ein Mädchen in einem schiefhängenden Kleid wandte sich feindselig von mir ab. In beiden Händen, wie einen geretteten Vogel, das Aufziehding.

Der darauffolgende Tag, der des Abschieds, spielt eigentlich keine Rolle mehr. Ich erwähne ihn nur der Vollständigkeit halber und auch, weil die ganze Fahrt in meiner Erinnerung hell, kühl, scharf umrissen ist.

Als ich kurz vor zehn in die Straße einbog und unter den Kastanien parkte, brauchte ich nicht lange zu warten. Sie kamen alle drei schon bald aus dem Haus. Nachdem er lediglich einen kleinen Koffer in den Gepäckraum eines Skodas gehoben hatte, nahm der Mann auf dem Fahrersitz Platz und beugte sich zu den Türen auf der rechten Seite. Jennifer Winkelman setzte sich neben ihn, das Kind krabbelte hinten rein. Sie starteten, ich startete, wir fuhren los.

Sie entschieden sich für die Strecke über Utrecht. Verblühte Heide, Wiesen, eine Bahnlinie mit bogenförmigen Leitungsmasten aus Beton, der Vormittag war von glasklarer Ruhe. Ich gab mir alle Mühe, Abstand zu wahren, konnte aber nicht verhindern, daß ich an der Ampel vor dem Kreisel plötzlich neben ihnen stand, sie sahen abwesend vor sich hin, der Mann rauchte. Ich glaube nicht, daß sie mich bemerkten, und außerdem: wenn schon? Seit gestern, als ich weggeschaut hatte und mit leeren Händen die Treppe in ihrem Haus hinuntergepoltert war, lachend und vor mich hin murmelnd und mit einem wahnsinnigen Glücksgefühl, war Jennifer Winkelman dabei, in den Hintergrund zu rücken, hinter die Kathedrale von Reims, einen Ball am Meer, Kinderpantoffeln, Apfelkuchen, ein Mädchen mit einem Gipsbein ... Die Ampel sprang auf Grün. Langsam beschleunigend fuhr ich in den Kreisel ein.

Gegen Mittag erreichten wir die Küste. Nach kurzer Fahrt entlang den Dünen tauchten hinter einer Wolke glitzernder Möwen Kräne und Lagerhallen auf. Ungesehen parkte ich und mischte mich unter die Leute, die an den Kais entlangliefen und sehnsüchtig zu den Schiffen blickten. Die *Beatrix* lag bereit, um Autos und Passagiere an Bord zu nehmen. Ich war Zeugin eines vorbildlichen Abschieds. Dicht vor der Gangway, etwas abseits des Gedränges, stellte der Mann den Koffer ab, hob das Kind hoch, um es herzlich zu küssen, und nahm dann Jennifer Winkelman in die Arme. Ich sah, wie sie ihr nach oben gewandtes Gesicht an seine Wange legte. Dann löste sie sich aus der Umarmung, nahm ihren Koffer und das Kind und ging an Bord.

Seitdem empfinde ich immer einen angenehmen, altmodischen Kummer, wenn ich an das Schiff denke, das strahlend weiß, tutend und rauschend aufs Meer hinausfuhr.

Aus Gründen, die hier nichts zur Sache tun

Der Aufruf kam gegen Abend. Es war noch ein wenig hell. Ich stand an der Spüle und wusch meine Kleider, als ich die Klappe des Briefschlitzes hörte. Ein hartes Ticken von Kupfer auf Kupfer: Jemand hatte mir etwas zu sagen. Einen Moment lang hielt ich die Arme bewegungslos über dem Eimer, dann setzte ich das Spülen und Auswringen meiner Unterhosen, eines Oberhemds, zweier Paar harter Socken fort, die nach dem Waschen jetzt noch ekliger stanken. Aus Gründen, die hier nichts zur Sache tun, ging die Waschmaschine nicht. Ich trat auf den kleinen Innenhof und hängte meine Klamotten im Halbdunkel an eine Leine. Nirgendwo in der Nachbarschaft brannte Licht.

Es war windig. Die Kiefern zwischen den Häusern peitschten hin und her, und wieder roch ich einen Hauch von Salpeter. Ich brauchte gar nicht erst hochzuschauen, um zu wissen, daß vom Meer her schwere Wolken heranzogen. Heute nacht, erinnerte ich mich, haben sie wieder ein Schiff auf Grund laufen lassen. Ohne auch nur eine Sekunde zu vergeuden, ging ich wieder hinein und hob an der Haustür einen Zettel auf, der mit schwarzem Isolierband zugeklebt war.

Mein Name, in Harrys Handschrift, einer meiner Cousins mütterlicherseits. Beim letzten Licht, das durch das Küchenfenster hereinfiel, blickte ich auf das Gekrakel eines Mannes, mit dem ich zwei Urgroßelternpaare und ein Großelternpaar teilte. Obwohl er noch nicht einmal eine Stunde zu Fuß von mir entfernt wohnte, hatte ich ihn – aus Gründen, die hier nichts zur Sache tun – vier Jahre lang nicht gesehen. Ich zog mir mit dem Fuß einen Stuhl an den Tisch, schob mit dem Arm das Durcheinander beiseite und wurde mir plötzlich bewußt, daß draußen der Wind auffrischte. Dann riß ich den Zettel auf.

Was sitzt in der Ecke und wird immer kleiner und röter?

Ich nahm meine letzte Zigarette aus der Packung. Auf den hinteren Beinen des Stuhls balancierend, blickte ich auf die Worte des Rätsels, und die Antwort, die ich sehr wohl kannte, rief mir einen athletischen Jungen in Erinnerung, etwas schwammig, Harry, mit großen rosa Händen. Als es völlig dunkel war, zog ich meine Joppe an.

Der Wind überfiel mich in dem Moment, als ich aus dem Haus trat. Mit schlenkernden Armen ging ich die beiden Straßen entlang, die zum Strand führten, und stapfte die Düne hinunter. Trotz des Krawalls an dem Schiff, das ein Stück weiter, unsichtbar in der Dunkelheit, geplündert wurde, nahm ich den kürzesten Weg. Unten angekommen, spürte ich plötzlich, daß ich abrupt stoppen mußte, um nicht mit jemandem zusammenzustoßen, der von einer anderen Ecke her in dieselbe Richtung ging wie ich. Ich spürte, wie eine Wand, eine harte, warme Gegenwart, mindestens so entschlossen wie die meine. »Was machst du hier?« sagten wir beide. »Wer bist du?« und stolperten weiter durch den Sand. Als ich durch die Brandung und den Sturm hindurch Geschrei hörte und Licht hin und her schießen sah, dachte ich trotz meiner geweiteten Pupillen und gesträubten Nackenhaare in der allergrößten Seelenruhe nur an Harry.

Er kam aus dem Polder. Ein Verwandter. Der bäuerliche Zweig unserer Familie. Verschlossene Menschen mit groben schwarzen Händen. Nur Harrys Hände waren rosa, und trotz seines offenstehenden Mundes hatte er die besten Noten in Mathematik. Harry kam jedes Jahr im August zu uns ans Meer. Meine Kindheit ist undenkbar ohne diese Sommer, in denen ein Riese von einem Vetter, fünf Jahre älter als ich, einmal einen Drachen mit dreieckigen Tragflächen aus Aluminium konstruierte. Seine Konversation bestand, abgesehen von »nur zu« und »nein«, aus Humor.

»Hör mal«, sagte er und tippte mich an einem windstillen Abend an. »Weißt du, was der Gipfel der Glätte ist?« Wir hatten gerade gegessen, und in der Dämmerung zogen Schwalben ihre Runden über den Häusern, von wo aus man im Westen ein paar Schiffe auf einer unendlich trägen See sehen konnte.

»Ein Aal in einem Eimer voll Rotz«, und grinsend ging er weiter.

Der Gipfel an Geilheit, der Gipfel an Krach, kennst du diesen Witz mit den Belgiern? Ich bekam alles zu hören, und die Sommer zogen vorbei. Wie im Traum erinnerte ich mich an das Mal, als wir alle zusammen in einer altersschwachen Schaluppe hinausgefahren waren, um Meerbrassen zu fangen. An der Stelle einer versunkenen römischen Burg sprangen wir über Bord. Es war Niedrigwasser. Wir schöpften die Fische zwischen den Ruinen heraus und kletterten auf jahrhundertealte Mauern, um uns auszuruhen. Da saß ich, mit einer Wahnsinnssonne auf den Schultern und salzigen Augen, als Harry plötzlich vor mir auftauchte. Seine Haare saßen ihm wie ein Helm auf dem Kopf. Etwas atemlos sagte er: »Weißt du, was der Gipfel der Arbeitslosigkeit ist?« Ich hatte ihn noch nie enttäuscht. Während er mich unter seinen weiß verblichenen Augenbrauen hervor anstarrte, sagte ich: »Nein ...?« und sah, wie seine Augen, fast lieblich, strahlendblau aufleuchteten.

»Spinnweben in der Möse einer Nutte.«

Das Meer hatte an diesem Nachmittag gleißende orangefarbene Streifen bis nach England.

Meine Gedanken rissen ab. Ich hatte den Ort des Tumults erreicht. Es hatte angefangen zu regnen, und ein siedender Blitz beleuchtete für einen Moment eine ekstatische Szene, tiefblau: ein Zweimaster, der mit Schlagseite am Strand lag, und etliche Verrückte, die schreiend hin und her rannten. Es waren Bürger aus der Umgebung, Beamte wie ich, und Ärzte, Lehrer, mit verzerrten Gesichtern. Ein dröhnender Schlag, und die Dunkelheit hüllte uns wieder ein. Ohne auch nur einen Schritt zur Seite zu tun, setzte ich meinen Weg fort, auf der Hut, aber ohne Angst. Schließlich kannte ich dieses Fieber aus eigener Erfahrung vom letzten Mal, als ein Schiff sich unsere Lichter als Ziel gewählt hatte.

Jemand versperrte mir den Weg. Ich riß mich gereizt los. Wieder hatte Harrys Zettel mich in Beschlag genommen. Im Unwetter tanzend, mitten zwischen den Plünderern, dachte ich an das geschmacklose Rätsel, das Harry mir zur Zeit meiner ersten Verliebtheit aufgegeben hatte. Ich war dreizehn, sie auch. Ich war blond, sie dunkel, mit dunklen Haaren und einer dunklen, unaussprechlich weichen, nach karibischen Blumen und Gewürzen duftenden Haut. Nach dem Feuerwerk zum Abschluß der Rallye Monte Carlo hatte ich ihr am Strand einen Kuß geben dürfen und war unter einem Himmel von Rätseln und Glück zurückgeblieben.

Da war Harry mit seinem zögernden Grinsen.

»Was sitzt in der Ecke und wird immer kleiner und röter?«

Es war am Morgen nach dem Feuerwerk. Nachts im Bett hatte ich von Papageien geträumt.

»Ein Baby mit einem Käsehobel«, sagte ich gleichgültig.

Ein Schleier zog über sein Gesicht.

Jetzt mußte ich die andere Seite doch erreicht haben. Ich war bestimmt eine Stunde unterwegs, und von dem Geschrei war schon lange nichts mehr zu hören. Nur, auch hier, Sturm, Sturm und mein blindes Herumgetappe, um am Fuße der Düne den Durchgang zum Dorf zu finden, einem hübschen Fischerdorf mit blauweißem Himmel und schwarzen, an den Kais ausgebreiteten Fischernetzen und nachts einem Lichtbündel aus einem mädchenhaft schlanken Leuchtturm. Jetzt Regen. Absolute Finsternis. Wie mußte ich gehen? Harry wohnte in der Mitte des Dorfes neben einer Bäckerei. Ohne einer Menschenseele zu begegnen, fand ich nach etwa zehn Minuten einen zugenagelten Laden und daneben eine Tür, die mir unter meinen tastenden Händen bekannt vorkam. Jemand hatte eine Schnur aus dem Briefschlitz hängen lassen.

Er saß in der Küche. Bei einem kleinen Licht, an einem vollgekramten Tisch saß ein großer, halbkahler Mann, der unverwandt auf eine verbeulte Teedose dicht neben seinem linken Arm starrte. Er stand nicht auf und antwortete nicht, als ich seine Hand ergriff und »Sauwetter!« sagte. Erst nach einer Weile, während wir uns schweigend gegenübersaßen und er mich plötzlich fragte, ob ich es noch wüßte, erst da schoß ein Funken Leben in seine Augen.

»Was sitzt in der Ecke und wird immer kleiner und röter...«

Ich schüttelte den Kopf. Er sah mich an.

»Na?« fragte ich.

Er beugte sich mit wachsamem Blick zu mir vor, spitzte die Lippen und sagte leise, Wort für Wort: »Ein kleiner Junge mit einem Käsehobel.«

Als ob er mir eine Parole einschärfte.

Das zweite Mal

Gegen zehn verließen wir das Heim. Uns gegenseitig stützend, gingen wir über das abschüssige Basaltsteinpflaster hinunter und kamen im Nu beim zweiten Binnenhafen raus. Da es in der Nacht gestürmt hatte, lagen dort jede Menge Trawler und Jachten, an denen eifrig gearbeitet wurde. Wir blieben stehen, an das Vergnügen gewöhnt, ohne Staunen, ja sogar ohne besondere Achtsamkeit auf die Schiffe zu schauen und auf die Männer, die den Eindruck machten, nie, solange sie lebten, nie etwas anderes im Sinn haben zu wollen als Zimmern, Teeren, Schleppen – in Pullovern aus harter Wolle. Der einzige, der uns daher auffiel, war der Schornsteinfeger, der plötzlich vor den Imbißstuben auf der anderen Kaiseite auftauchte. Alles war so dörflich und vertraut, daß wir vergaßen, daß keine fünfhundert Meter von hier die Duinstraat anfing, die nach einer scharfen Biegung direkt in den Scheveningseweg mündete.

Wir waren zwei der vielen betagten Frauen dieser Stadt. Wir hatten spitze Gesichter, weitsichtige Augen und Haare, die einen teuren Friseur jeden Monat wieder aufseufzen ließen: »Außergewöhnlich, meine Damen, ganz außergewöhnlich ...«, während er uns im Spiegel einen Blick zuwarf, der uns eindeutig an das zurückdenken ließ, woran wir unser Leben lang gewöhnt gewesen waren und was sich erst vor ganz kurzer Zeit verändert hatte in: abgelebt, alt. Dennoch gab, was den Körper anging, nur unser Knochengerüst Anlaß zu Klagen, denn es war schon mehrmals spontan irgendwo gebrochen und krümmte sich obendrein am Rücken. Unsere Augen waren im Grunde nicht mal so problematisch, für die Literatur gab es Bücher in Großdruck, und für die Zeitung nahmen wir eine Lupe. »Wörter sind wie Tiere«, sagten wir zueinander, »wenn sie näher kommen, kann man sie riechen.« An diesem Vormittag hatten wir wie an jedem Vormittag das Altenheim verlassen, um in der Hafenkneipe *de Volkskrant* zu lesen. Wir freuten uns auf die Neuigkeiten aus aller Welt, jetzt, da die aus unserem eigenen Leben allmählich ins Stocken gerieten.

Seit sieben Jahren lebten wir wieder zusammen. Nach einer Jugend, die uns nicht einen Tag voneinander getrennt hatte, drifteten wir durch eine Reihe von Ehen auseinander. Die eine verliebte sich in einen Ziegeleibesitzer, einen Mann mit goldenen Augen und rotem Schnurrbart, geschäftlich etwas kopflos, der in Terneuzen pleite ging, die andere mußte unbedingt mit einem Beamten im Außendienst nach Übersee entfleuchen, um auf Arbeitsbesuchen in unerträglich heißen Dörfern die spektakuläre Sprache Neuguineas zu erlernen, die zwölf verschiedene Wörter für Hand besitzt, und ist eine Kopfjagd betreibende Hand nicht tatsächlich etwas anderes als eine streichelnde? Es waren schöne Jahre, aber die Ehen gingen aus dem einen oder anderen Grund in die Brüche, und wir machten uns an die zweite Runde, die dritte, Kinder wurden geboren. Wenn wir uns in dieser Zeit überhaupt mal im elterlichen Haus, ein Stück weiter die Küste hoch, begegneten, dann brauchten wir Stunden und Stunden, bis wir uns in bequemen Sesseln auf der Terrasse wieder alles erzählt hatten, sofern wir es nicht vorzogen, uns wie früher hinzulegen und zu lesen, während der Wind Salz und Möwengekreisch von einer Düne heranwehte.

Heute war der Wind kalt. Er hatte die unglaubliche

Kraft der letzten Nacht verloren und blies nun stetig von Westen her gegen die Gebäude an den Hafenkais, wo sich nichts bewegte, da alles aus Stein war. Wir schauten interessiert zu dem jungen, mit schwarzem Seil umgürteten Fußgänger.

»Ein Schornsteinfeger«, sagten wir erstaunt und überquerten sofort die Straße, um ihn, falls es glückte, im Vorbeigehen sozusagen zufällig kurz zu berühren.

»Es ist März, junger Mann«, sagten wir, als wir ihn erreicht hatten. Unsere Finger strichen über seinen Ärmel. »Geh lieber Stühle flechten.«

Gerührt durch den bekümmerten Blick aus seinen Streuneraugen, tappten wir weiter, an Lagerhallen und -häusern vorbei, in Richtung der Lokale, in denen man zu knallharten Preisen essen und trinken konnte. Wir stießen die Tür zum *De laatste stuiver* auf und fanden uns im nach Kaffee riechenden Windschatten, wo unter drei goldbemalten Hängelampen der Tisch mit den Zeitungen stand. Wenn uns jemand gefragt hätte, warum wir in der Kälte, warum zwei alte Frauchen aus dem Antoniusstift eine Viertelstunde zu Fuß unterwegs waren, um in einer Hafenkneipe die Morgenzeitung zu lesen, dann hätten wir geantwortet: »Das wissen wir nicht genau. Im Stift herrscht kein Mangel an Zeitungen.«

Ein Typ mit Baskenmütze rutschte ein Stück, um uns Platz zu machen. Wir sanken nieder, knöpften unsere Mäntel auf, kramten Tabak und Feuerzeug hervor und machten uns daran, uns die erste, sehr dünne und sehr kleine Zigarette des Tages zu drehen, indem wir ganz penibel ungefähr ein Fünftel der Länge und Breite des Zigarettenpapiers abrissen. Eine Kellnerin kam. Bevor wir auf ihren fragenden Blick eingingen, nahmen wir unsere Zeitung in Beschlag – »Kaffee!« – und taten hastig den ersten Zug. Dann begannen die Augenblicke, die etwas ganz Wesentliches in unseren Herzen für immer veränderten. Wir schlugen, noch ohne zu lesen, die Seiten um, bis eine von uns die Lupe hervorzog und in der richtigen Höhe über die Spalten hielt. Zufällig die Todesanzeigen. Kreuze, Zitate und dann die fettgedruckten Namen derer, die uns vorangegangen waren. Wir lasen sie nie.

Diesmal jedoch pfiffen wir leise.

»Verdammt noch mal!«

»Ich glaub's nicht!«

Überrascht im Kreis des Vergrößerungsglases stand ein Name, der uns etwas anging.

»Antoine Boeyaarts.«

Was uns jedoch aus der Fassung brachte, war das, was danach kam.

»Staatsanwalt.«

Antoine Boeyaarts, unsere erste und einzige ehrlich geteilte Liebe, war bis zu seiner Pensionierung leitender Staatsanwalt am Landgericht Leiden gewesen.

Wir bestellten Mandelkringel. Und noch einmal, weil es jetzt gratis war, Kaffee. Antoine Boeyaarts war ein großer, dunkelblonder Junge mit einer hauchdünnen Halskette. Wir rauchten sprachlos. Eine erstaunliche Erscheinung, die vor vielen Sommern im blaugestrichenen Gartenhaus einer der ältesten Villen Noordwijks wohnte, das Grundstück grenzte an unseres. Wir stützten die Ellbogen auf die Zeitung. Bis zu dem Moment, da wir ihn entdeckten, hatten unsere Sommerferien die völlig reale, lyrische Gewißheit eines halben Dutzends dicker französischer Romane gehabt, die wir mit spielender Leichtigkeit im Original lasen, denn wir besuchten ein Internat in Brüssel. Als wir uns eines Abends aus dem Dachfenster lehnten, sahen wir ihn am Liguster vorbeigehen. Madame Bovary natürlich, aber auch ein sehr schönes Buch über ein Fest in einem Schloß. Er verbrachte diesen Sommer vor der Aufnahme eines ernsthaften Studiums bei einem Onkel und einer Tante am Meer. Wir starrten in dem Trubel vor uns hin. Es wurde voller in der Kneipe. Als jemand die Musikanlage einschaltete, konnten wir die Füße nicht still halten. Beim gnadenlosen Rhythmus einer Rockgitarre dachten wir an unsere erste Liebe und fragten uns aufgeschreckt und mit angeschlagenem Heimweh, von welchem Buch, diesem einen, wir damals eigentlich besessen waren.

»Einem von Stendhal?«

»Weiß nicht.«

»Julien Green?«

Gegrübel, Schuhgewippe. In seinen Augen hatte eine bestimmte Art von Begeisterung geleuchtet.

»Es könnte *Moira* gewesen sein.«

Er wurde Priester. Antoine Boeyaarts, der Junge, den wir achtzehn Augusttage lang im Petticoat oder auf hochhackigen Satinschuhen oder mit einem Strohhut auf dem Kopf abwechselnd und mit wachsender Fertigkeit umarmten, war nicht für Frauen bestimmt. Wir belauerten ihn vom Dachfenster aus. Er stand in der offenen Tür des Gartenhauses, in der prallen Sonne, und ganz sicherlich deckte sich dieses Bild damals schon ganz mit dem, wie wir ihn unser Leben lang vor uns sehen sollten: im Lichtkreis einer Kerze, halb von uns abgewandt, in einer düsteren Sakristei. Und von Montag, dem Zwölften, an schrieben wir mit dem Finger auf seiner Haut und spielten mit seiner Kette und hörten, obwohl wir gerade vom Glauben abgefallen waren, immerzu etwas wie *Dominus vobiscum*, das ihn und uns umschwebte. Es wurden achtzehn Tage leidenschaftlicher Verliebtheit mit einem leisen Unterton von schon vorweg empfundenem schmerzlichem Kummer ob der bevorstehenden Weihen und vor allem ob jenes unmenschlichen Gelübdes, das in seinem Fall ein besonderes Gewicht haben würde, da, wer achtzehn Tage lang jeden Morgen einen Anruf und jeden Nachmittag einen Liebesbrief erhalten und zu jeder Stunde des Tages eine von uns in einer Bahn goldenen Lichts in den Armen gehalten hat, weiß, was er entbehrt.

Wir nahmen das Vergrößerungsglas wieder zur Hand.

»Mein teurer Mann«, murmelten wir »Unser treusorgender Vater, Schwiegervater und Opa.« Dann glitten unsere Augen über Sassenheim: Peter, Sander, Maartje, Antoine. Über Bergen: Jeroen, Joost, Daphne, Willemijn. Über Rotterdam: Laura, Carel Jan. Über 's-Gravenhage, Krimpen aan de IJssel und Den Dolder. . Marco, Eva, Cathelijne, Melinda, Basje, Myrthe, Antoine ...

Wir schwiegen. Minutenlang wußten wir nicht mehr, wo wir waren. Dann schraken wir hoch.

»Verflixt!«

Wir sahen uns ärgerlich an.

»Welches Buch haben wir damals bloß gelesen?«

Weil wir nicht darauf kamen, beschlossen wir, in unser Heim zu gehen, wo sich im achten Stock eine phantastische Bibliothek von Büchern in Großdruck befand, mit sämtlichen Meisterwerken der Weltliteratur. Uns gegenseitig am Arm haltend, gingen wir zum zweiten Mal an den Booten entlang, die im Wind auf dem Wasser dümpelten, und forschten in unserem Gedächtnis nach einer Geschichte, die uns jetzt, nach mehr als einem halben Jahrhundert, erneut schneller atmen ließ. Am Leuchtturm begegneten wir dem Schornsteinfeger zum zweiten Mal. Er aß ein Brötchen, sah deutlich fröhlicher aus als vorhin und gab jedem, der vorbeikam, ein Kärtchen, auf dem stand, daß er Goudsmit hieß und Möbel reparierte.

»Kannst du auch Bücher binden?« fragten wir.

Um halb zwölf waren wir am Heim.

ANTONIUSSTIFT stand in Blockbuchstaben auf dem Dach. Es war ein häßliches, rechteckiges Gebäude mit acht Stockwerken, genau im Zugriff des Westwinds, das, solange wir hier schon wohnten, noch nie renoviert worden war und jetzt regelrechte Malaise ausstrahlte. Es war uns egal. Vor sieben Jahren waren wir hier im Spätsommer mit dem Taxi vorgefahren. Wir hatten unsere brüchigen Sonnenhüte auf dem Kopf festgehalten, während wir aus nächster Nähe auf den Stein starrten, den man links neben dem Eingang in die Wand eingelassen hatte. *Die Schiffe prunken an den blauen Pfaden*, sahen wir da, und, kleiner, darunter: A. Verwey. Das gab den Ausschlag. Wir trugen dem Fahrer auf, unsere Koffer, Reisetaschen und eine hübsche Alabasterskulptur, die allegorische Flora, in die Eingangshalle zu stellen, und meldeten uns an der Rezeption an.

Heute schlurften wir mit einem Herzen voller Fragezeichen am Speisesaal vorbei. Wie wir vorhergesehen hatten, roch es genau wie vor sieben Jahren nach Eintopf in einer mageren Rindfleischbrühe. Während wir auf den Fahrstuhl warteten, blickten wir gleichgültig auf die Veteranengesellschaft, die unter lautem Besteckgeklapper dasaß und kaute.

»Setzen Sie sich schnell hin«, sagte eine junge Altenpflegerin zu uns. »Wir sind schon beim Auftragen.«

Wir lächelten zuckersüß. »Nicht für uns, liebes Kind.« Das Mädchen wußte offenbar nicht, daß wir hier nie zu Mittag aßen, sondern meist in einem Lokal in der Keizerstraat, wo sie derart gepfefferten Stockfisch machten, daß wir noch niesen mußten, wenn wir schon wieder auf der Straße standen. Zu den Vorzügen des Altenheims zählten wir nicht das Essen, sondern den Armentarif, und nicht die Geselligkeit, sondern die Zentralheizung, die saubere Bettwäsche, die Verszeile neben dem Eingang und vor allem die in der Traumhöhe des achten

Stocks gelegene Großdruckbibliothek, die für uns als große Überraschung von Gott persönlich aus dem Himmel gefallen war.

Der Fahrstuhl arbeitete sich durch die Stockwerke nach oben. Alle zehn Sekunden erschien eine neue Wohnebene mit vierzig voll eingerichteten Zimmern, die, ohne einen Mucks von sich zu geben, unter unseren Füßen verschwanden. In unsere Vergangenheit verstrickt, murmelten wir vor uns hin. Wir sahen nicht nur den schönen Priesterjungen wieder vor unseren Augen, sondern auch unser Heimatdorf mit den Stränden, den beiden Boulevards und unserem Elternhaus, in dem unsere Stiefschwester damals schon seit Jahren schaltete und waltete.

»In dem Sommer war sie so dick, daß sie sich kaum mehr bewegen konnte.«

»Ach wo. Sie war sogar ziemlich schlank. Sie malte sich die Lippen an und versuchte, wie Katja Turtschaninowa auszusehen.«

»Sie trug schon eine Brille.«

»Ja. Mit einem leuchtendblauen Gestell.«

»Es machte ihre Augen noch sehnsüchtiger.«

»Zum Glück merkte sie nicht, was wir trieben.«

»Doch. Sie fand das Buch, das wir lasen, und begriff sofort, warum wir uns ihre Dachkammer unter den Nagel gerissen hatten.«

»Welches Buch, zum Teufel?«

Als sich die Fahrstuhltüren öffneten, betraten wir einen länglichen Raum voller Bücher, mit grauem Himmel auf allen Seiten. Die Bibliothekarin sah von ihrem Tisch auf.

»Den wissen Sie nicht mehr...«

Sie hielt ihre ruhigen Augen auf uns gerichtet. Durchaus an Leserinnen gewöhnt, denen wieder mal ein Titel oder ein Autorenname nicht einfiel, war sie hinter ihrem Tisch hervorgekommen. Eine Frau in den Vierzigern mit wettergegerbtem Körper und einer schwachen Ausdünstung von Kamille bemühte sich, uns behilflich zu sein. Wir sahen ihren Hals nicht weit von uns entfernt aus dem Kragen mit den gestickten Blütenblättern aufragen.

Fast zerstreut sagten wir: »Es handelt von einer Schülerin, die sich bei einem Fest in einem verfallenen, schloßartigen Haus einschleicht.« Denn plötzlich war uns eingefallen, daß unsere Romanze, die richtige Sache also, tatsächlich so angefangen hatte. Antoines Onkel und Tante waren auf die Idee gekommen, den Abschied des künftigen Priesters von der Welt mit einem Familienfest zu feiern. Am Samstag wurde die Villa geschmückt. Hinter den Fenstern hängte man Lampions auf, der Flügel wurde beiseite geschoben, es kamen zusätzliche Stühle, ein Faß Wein auf den Innenhof und flache Schachteln mit Torten in die Küche, und aus allen Fenstern bis hinauf zum Dachtürmchen hing Bettzeug, woraus wir schlossen, daß alle Gäste über Nacht bleiben würden. Am Sonntag um zehn fuhren die Autos vor. Von zwölf Uhr an befanden wir uns abwechselnd unter den Gästen, abwechselnd, da wir nur einen beinhart gestärkten, satinbesetzten dreifachen Petticoat besaßen.

»Eines der Fenster stand auf, durch das man einfach hineinklettern konnte«, sagten wir zu der Bibliothekarin.

Sie nickte nachdenklich.

»Das Fenster eines großen, niedrigen Raums voller Luxusgegenstände?« Wir sahen sie schweigend an. »Und alter Waffen?«

»Genau«, sagten wir.

»Und hinter roten Vorhängen ein Alkoven mit einem Bett?«

»Ja.«

»Das ist *Le Grand Meaulnes*«, sagte sie und ging los, um das Buch zu holen.

»*Le Grand Meaulnes*«, wiederholten wir mit einem Schauer des Wiedererkennens. »*Le Grand Meaulnes* ...« und sahen in einer flüchtigen Vision, wie wir bei diesem Fest, uns jede Stunde abwechselnd, mit ihm tanzten, wie wir artig beim Servieren halfen, wie wir gemeinsam mit einer ganzen Schar von Vettern und Kusinen Antoine zum Idioten erklärten und wie eine von uns schließlich, ganz unter dem Einfluß der Nacht und des Vollmonds, mit ihm hinter diesen roten Vorhängen landete, wo er nach einem langen, verzweifelten Kuß plötzlich ganz ruhig sagte: »Komm lieber morgen ins Gartenhaus ...«

»Es war ein Verlobungsfest«, hörten wir.

Wir drehten uns verblüfft um. Die Bibliothekarin wollte uns ein Buch reichen.

»Auf gar keinen Fall!«

Und wir sagten das so nachdrücklich und mit einem derart bösen Lächeln, daß die Frau das Buch gar nicht schnell genug hinter dem Rücken verstecken konnte.

Nach einer Stille sagten wir versöhnlich: »Es handelte von einem Mädchen, das einen Theologiestudenten verführt.«

»Wie sah sie aus?«

Wir sahen uns an.

»Meergrüne Augen«, sagten wir. »Manchmal frech, manchmal von schmeichelnder Sanftheit.«

»Und der Theologiestudent?«

»Oh ...!«

Wir seufzten und erzählten erst nach einer Weile von dem Mal, als er mit unbewegter Miene weiter im *Hamlet* las, um damit zu bewirken, daß das Mädchen auf seinem Bett seiner selbst plötzlich kaum mehr mächtig war.

Sie fragte weiter nach diesem Mädchen.

»Herausfordernd? Schlank, in rote Seide gekleidet und mit geschminkten Lippen?«

Wir nickten zögernd.

»Das war *Moira*.«

Seltsamerweise schüttelten wir beide sofort den Kopf. Obwohl wir ja auch schon an dieses Buch gedacht hatten, wußten wir plötzlich, daß uns etwas in dieser Geschichte ganz gewiß nicht ansprach.

»Er ermordete sie«, raunte die Bibliothekarin, aber sie vermutete bereits, daß wir mit unseren Gedanken inzwischen woanders waren, und nach unserer Bemerkung: »Ermorden? Ach wo« schwieg sie bestimmt eine volle Minute lang.

Dann: »*Le Rouge et le noir*.«

Wir reagierten nicht.

»*Le Sauvage* ... *La Chatte* ...«

»Nein!«

Außer uns beiden war kein Publikum in der Bibliothek, alle waren unten beim Essen. Durch die Seitenfenster fiel das Licht, das vom Meer kam, grell und ungehindert auf die Regale mit Büchern, die umfangreicher waren als normal, da sie in großer Schrift gedruckt waren. Wir sahen auf die unergründlichen goldbraunen, grünen und dunkelroten Rücken.

»Es handelt«, sagten wir getröstet und wieder fröhlich, »von der Gemütsverfassung einer jungen Frau, die einen Sommer lang in einem mörderischen Überfluß an Zeit den Mann belauert, den sie liebt. Um einen Blick auf ihn zu erhaschen, muß sie sich ganz oben in dem Haus, in dem sie wohnt, aus einem Dachkämmerchen beugen, einer Schlafecke, die nicht die ihre ist, sondern die verrückte Atmosphäre der Träume ihrer älteren Schwester atmet.«

Wir flehten unsere Stiefschwester an, ob wir in diesen

Ferien, bitte! bitte!, ihr Zimmer haben dürften, und sie fragte: »Warum?«

»Weil dann alles überschaubarer ist«, sagten wir wie aus der Pistole geschossen, was ziemlich blöd war, da sie jetzt vermuten konnte, daß es uns nicht um ihr kleines Frauenreich ging, sondern um das Dachfenster und, zwischen zwei feurig raschelnden Pappeln, das Objekt unserer Blicke, ihn, in der Tür des blaugestrichenen Gartenhauses.

»Weißgestrichen«, sagte die Bibliothekarin.

»Was treibt ihr bloß da oben«, fragte sie jedesmal, wenn wir mit feuerroten Wangen nach unten kamen, nachdem wir uns wieder mal an seinem Anblick geweidet hatten. Wir schwiegen. Dann versprachen wir, ihr Schlafkämmerchen wunderschön, mit Blumensatinpapier, zu tapezieren, wenn ... »Na gut. Von mir aus ...«, und wir lasen in ihren Augen zwar das Eingehen auf ein vorteilhaftes Angebot, nicht aber die feste Absicht, eines Nachmittags, wenn wir nicht zu Hause wären, einmal ins Dachgeschoß zu gehen, wo auf einem Tisch inmitten von Lippenstiften und Schulmädchen-BHs auch der dicke französische Roman lag, den wir gerade zu Ende gelesen hatten.

Sie zischte zwischen den Zähnen.

»Ich hab's!«

Aufgeschreckt sahen wir die Frau an. Ihr Lächeln strahlte große Autorität aus.

»*Adrienne Mesurat*!«

Adrienne Mesurat. Sie hatte das Buch tatsächlich gefunden. Wie eine Stichflamme schoß der dreihundertvierundsechzig Seiten umfassende Roman von Julien Green in unserer Erinnerung hoch und beschien, deutlicher als in einem Film, ein Dorf, zwei alte Villen, ein Gartenhaus mit Weinranken bis hinauf zum Dach und zwei Internatsschülerinnen, die es auf einen Theologiestudenten abgesehen haben mit dem Körper eines Athleten und den Augen eines ...

»Sie bringen da was durcheinander. Von Weinranken ist nirgends die Rede. Und da wohnte auch kein Theologiestudent, sondern ein Arzt.«

... und den Augen eines Erzengels.

»Doktor Maurecourt war schmächtig, blaß, in seinen Augen lag ein tragischer Blick.«

In der Woche, in der wir mit ihm nach zwei aufeinanderfolgenden Siestas den Strand entlang bis nach Katwijk gegangen waren, hatten wir ihn beide, ohne es voneinander zu wissen, gezwungen, an der Bude bei der Schleuse ein ordentliches Stück fette Makrele zu essen, erstens, weil dieser Fisch bei uns im Dorf Bischofsfisch heißt, und zweitens, weil er, direkt auf leeren Magen gegessen, sieben Tage Glück bringt.

»Das Thema ist Einsamkeit, Einsamkeit in extremer...«

In Gedanken noch bei einer Sandfläche, bernsteinfarben getönt von der tiefstehenden Sonne, sagten wir: »Geben Sie uns das Buch mal mit. Wir lesen's dann schon.«

Als wir in den Fahrstuhl stiegen, hielten wir ein dickes, völlig zerlesenes Buch in der Hand, das doppelt so schwer war und doppelt so viele Seiten hatte wie das Buch, das wir kannten.

Nebel war aufgezogen. Vom Meer her trieb er in Schwaden tief über den Strand zum Boulevard, der bis auf ein paar Geisterautos ohne Räder und ein paar Geistermenschen ohne Beine verlassen war.

»Ach je«, seufzten wir. »Ist das trist!«

Kreischende Möwen triezten sich gegenseitig über unseren Köpfen.

Wegen des schweren Buches noch mühsamer zu Fuß

als sonst, bogen wir nach etwa hundert Metern nach links und gingen dann zum Anfang der Keizerstraat hinunter. Unser fiebriger Hunger nach *Adrienne Mesurat* wurde noch weiter entfacht durch eine irrsinnige Lust auf Knurrhahn mit glühendheißen Sternäpfeln.

»Hoffentlich ist noch Platz am letzten Tisch.«

Wir hatten Glück. Im Lokal waren fünf der sechs Tische besetzt, aber am hintersten, dem angenehmsten, unter einem Bild mit einem Rosenstrauß, war genug Platz. Wir legten das Buch aufgeschlagen zwischen uns, bestellten und begannen in dem Tempo zu lesen, das wir uns in unserer frühesten Jugend angeeignet hatten. Anderthalb Stunden später, nach zwei Tellern Mittagessen und acht Gläsern jungem Genever, schlugen wir die letzte Seite um. Gott und der ganzen Welt entrückt, suchten wir den Blick der anderen. Daß das Gartenhaus weiß war und die Weinranken fehlten und die Mädchenleidenschaft einem Arzt galt, störte uns absolut nicht.

»Och, das wußten wir natürlich selbst.«

»Natürlich. Sollen wir noch einen bestellen?«

Wieder erschienen die kleinen glasklaren Kelche. Wir neigten uns weit darüber. Was uns allerdings gewaltig störte, war, daß die Liebe – in dieser revidierten Version – eine traurige Liebe war, in der wir unmöglich auch nur eine Spur unserer damaligen Feststimmung entdecken konnten. Die Augusthitze war ein Trauerflor, und die Blumen rochen zu schwer, und die Augen, mit denen Adrienne Mesurat in dem großen, verschlafenen Haus aus dem Dachfenster blickte, hatten einen erschreckten Ausdruck. Des feurigen Sommers unserer Jugend beraubt, war Doktor Maurecourt ein kleiner, grauer Mann, dem nichts Besseres einfiel als: »Wissen Sie eigentlich, wie alt ich bin?«

»So ein Mist«, maulten wir. »Laß uns lieber gehen.«

Der Nebel war dichter geworden. Umherirrend wie

Schlafwandler gingen wir die Keizerstraat hinunter. Als wir bei der Treppe zum Boulevard angelangt waren, mußten wir mit den Füßen suchen, um die Stufen zu finden, die sich im weißen Licht aufgelöst hatten. Oben wehte kaum Wind. Wir hörten das Meer und das Gedröhn einiger Autos. Ein Mopedfahrer, der mit laufendem Radio vorbeifuhr, ließ uns ein paar Takte lang eine metallene Singstimme hören. Wir lauschten und dachten heftig an Antoine Boeyaarts.

»Schlimmer ging's wirklich nicht!«

»Was meinst du?«

»Staatsanwalt!«

Es stimmte. Etwas Schlimmeres als so ein richterlicher Schwarzkittel, streng, aber zweifellos fair, bereit, den Finger zu erheben und mit großer Phantasie anzuklagen, war nicht denkbar. Wenn man's recht betrachtet, ändern sich die Menschen nicht. Etwas von der Schärfe Antoine Boeyaarts, Mann, Vater und Opa, zu Lebzeiten leitender Staatsanwalt am Landgericht Leiden, muß schon viel früher in seinen Augen gelegen haben.

Wir tappten schweigend den Weg zum Antoniusstift hinauf. Die Schiebetüren öffneten sich.

»Lieber Himmel«, riefen wir und blieben an der Schwelle stehen. »Gut möglich, daß er die ganze Zeit gewußt hat, daß wir zu zweit waren!«

In der Eingangshalle saß der Schornsteinfeger. Seine Augen schweiften untröstlich über das Aquarium und die Pinnwand mit den bunten Zetteln. Mit einemmal wurde uns bewußt, daß wir müde waren und daß das Buch in unseren Armen nicht nur mordsschwer war, sondern vor lauter Schäbigkeit auch fast auseinanderfiel.

Der Streuner sah uns ruhig an.

»Hier, mein Junge«, sagten wir. Er wog das Buch in den Händen. »Binde das ordentlich ein. Mach wieder was Schönes daraus.«

Anmerkungen

Solange ich schreibe, schreibe ich Erzählungen. Jetzt, da ich dies nach einem Zeitraum von gut acht Jahren formuliere, weiß ich, daß es nicht nur eine Schlußfolgerung ist, sondern auch und vor allem ein fester Vorsatz. Ich denke nicht, daß diese literarische Form mit der Spannweite vom Roman bis zum Gedicht je ihren Reiz für mich verlieren wird. Jahrelang hatte ich geglaubt, nur Leserin zu sein, eine Leserin mit einer Vorliebe für möglichst dicke Romane. Bis das Lesen eines Tages gleichsam nach Erweiterung zu schreien begann, nach seinem anderen Ich, und ich mich in einer Stimmung, die ich nur als Kombination von Arbeitslust und Leere beschreiben kann, oben im Haus in ein unbenutztes Zimmer setzte.

Was sollte ich schreiben? Stürzt es einen nicht in Ratlosigkeit, aus der unendlichen Fülle von Ereignissen einige herausgreifen und in einer sinnstiftenden Komposition miteinander in Verbindung bringen zu müssen? In jenem entscheidenden Augenblick war es die Form der Erzählung, die meine Arbeitswut mit Hilfe einer Eingrenzung, an die wir Menschen nun mal gewöhnt sind, zügelte: soundsoviel Seiten (Ort) in soundsoviel Tagen (Zeit) zu schreiben. Nach einer Woche hatte ich erfahren, daß ein ziemlich willkürlich gewähltes Thema einzig und allein durch meine Zuwendung eine obsessive Bedeutung erlangt hatte.

Die fünfzehn Erzählungen dieses Bandes, lieber Leser, habe ich im Laufe der letzten acht Jahre alle »zwischendurch« geschrieben. Manchmal wollte ich für kurze Zeit Distanz zu dem Roman gewinnen, an dem ich gerade arbeitete. Oder es bot sich nach einer Reihe von Erzählungen ungefragt noch eine weitere an. Viele Erzählungen sind auf die Bitte von Zeitungs- und Zeitschriftenredaktionen hin entstanden. Wenn es sich irgendwie machen ließ, war ich nur allzugern zu einem solchen Seitensprung bereit, denn von allen literarischen Formen eignet sich nach meiner festen Überzeugung die Erzählung am besten dazu, in dem verblüffend mehrdeutigen Gebiet der Fakten und Worte zu spielen und zu experimentieren.

Eine Erzählung zu schreiben ist nicht einfacher, als einen Roman zu schreiben. Beide Gattungen erfordern exakt dieselbe Konzentration auf Stil und Komposition. Sie bereiten einem während des Schreibens auch exakt dieselben Ängste und Freuden. Allerdings ist bei einer Erzählung das Ringen schneller und kürzer. Daß die Mühsal absehbar ist, bringt eine Atmosphäre der Freiheit mit sich, die zu zweierlei Dingen einlädt. Sie sind wie eine chemische Verbindung voneinander durchdrungen. Das eine ist das Eingehen technischer Risiken. Das andere: jedes Thema, das deine Aufmerksamkeit erregt, anzupacken. Literarische Themen sind im Prinzip in unendlicher Menge vorhanden. Allein schon in der Lebensgeschichte jedes Menschen steckt ein Roman. Der Gedanke, für das Schreiben all dieser dicken Bücher sei einem die Ewigkeit bestimmt, mag ein erhebender Gedanke sein, für den sterblichen Schriftsteller ist es nur gut, daß es die kurze Erzählung gibt.

Wenn ich den Blick über die fünfzehn Titel dieses Bandes wandern lasse, dann weiß ich, daß sich einige nie geschriebene Romane darunter befinden. Das gilt zum Beispiel für *Ich träume also*, *Ein Glückstreffer*, *Mat-*

thäus-Passion und natürlich für den acht Seiten umfassenden, für die feministische Zeitschrift *Opzij* geschriebenen Groschenroman *Fürs Glück geboren. Jennifer Winkelman* ist die Art von Erzählung, die mit einem Gedicht verwandt ist. Alle Schwestern-Erzählungen, ausgenommen vielleicht *Das andere Geschlecht*, sind Essays über Lesen, Zuhören und Erzählen.

1 *Ich träume also* habe ich Anfang 1989 oder Ende 1988 geschrieben; die Erzählung erschien im Frühjahr 1989 in der Literaturzeitschrift *Optima*. Ich weiß noch, daß die Atmosphäre, in der ich zu schreiben begann, fast einer Leere gleichkam. Ein Tisch, Papier, ein Fenster, durch das ich auf eine verlassene Straße in einem Villenviertel sah, grauer Himmel. Bis zu dem Moment, in dem ein Möbelwagen vor dem Haus gegenüber hielt, hatte ich nicht einmal ein Thema.

2 *Ein Glückstreffer* muß ich irgendwann 1990 geschrieben haben, als ich kurz Urlaub von dem Roman *Erst grau dann weiß dann blau* nehmen wollte. *Optima* veröffentlichte die Erzählung im Jahrgang 8, Nummer 3.

3 *Das andere Geschlecht* ist die erste meiner Schwestern-Erzählungen. Als ich sie 1988 oder 1989 für die Frauenzeitschrift *Elle* schrieb, wußte ich nicht, daß diese beiden Gören derart beharrlich weiter in meinem Kopf herumspuken würden.

4 *Matthäus-Passion* ist ein Nachkömmling meines Erzählungenbandes *Rückenansicht*. Zum erstenmal bat *Optima* mich um eine Erzählung. Sie erschien 1988, in Nummer 1. Eine Kritikerin von *Vrij Nederland* hielt die an der Tribüne hängende Sängerin für ein unwahrscheinliches, störendes Detail. Sie hatte recht.

5 Im Sommer 1990 kam ich der Bitte des Verlags Van Oorschot nach, etwas über meine ersten Kontakte mit der russischen Literatur zu schreiben. Bevor ich wußte, wie mir geschah, hatten die beiden Schwestern den Fall übernommen. Es war ihnen gelungen, sich komplizierte Familienverhältnisse zuzulegen – mit respektheischenden Brüdern, Hippolyte und Tony, und einer Stiefschwester namens Nadine. *Unruhe und Gelassenheit* erschien 1990 bei Van Oorschot in dem Sammelband *De Russen in mijn kast* und im Dezember 1995 im *Weltwoche Supplement*.

6 *Vrij Nederland* ordnete mich Mitte des Jahres 1989 der neuen Autorengeneration in den Niederlanden zu und bat mich um ein Selbstporträt. Zusammen mit fünfzehn anderen Frischlingen gehorchte ich. *Totenstiller Mann am Ofen* ist eine Erzählung, bei der ich mit der in technischer Hinsicht zwingenden Regel des Selbstporträts spiele: sich selbst im Spiegel zu betrachten. Das Zitat von Tournier verrät, welcher Art die Spekulationen meines Bewußtseins mittlerweile waren. Die Erzählung wurde in der Literaturbeilage von *Vrij Nederland* vom 7. Oktober 1989 veröffentlicht.

7 *Die blaurote Luftmatratze* mit dem Untertitel *Eine Sommeridylle* ist eine Schwestern-Erzählung, die sich zwischen den Polen Essay und Gedicht bewegt. Sie erschien im Sommer 1996 im Magazin der *Süddeutschen Zeitung*.

8 *Weihnachten* erlebte seine Erstveröffentlichung in *Met liefde* (Contact 1993), einem Erzählungenband zugunsten des Aids Fonds mit unveröffentlichten Werken von vierzehn niederländischen Autoren.

9 Es war außerordentlich reizvoll, in *Malikiki* ein schwachsinniges Mädchen und einen Französischlehrer miteinander in Verbindung zu bringen, ohne daß sie es wußten. *Malikiki* wurde veröffentlicht in *Inpakken en wegwezen*, Contact 1989.

10 *Neid* ist eine Schwestern-Erzählung, in der ein dritter Kreis um die beiden gezogen wird: eine Mutter und eine Stiefmutter. Ich schrieb sie auf Bitte von Huub Beurskens für *De Gids*, wo sie im Mai 1994 erschien.

11 *Fürs Glück geboren: Opzij*, Juli/August 1990.

12 Die Brüder der beiden Schwestern sind ein Fall für sich. *Nenn mich einfach Tony* schrieb ich für den Sammelband *Sterke verhalen*, Contact 1994.

13 *Jennifer Winkelman* ist im Juni 1993 in einem schönen blauen Buch aus Anlaß der feierlichen Neueröffnung der Buchhandlung Los in Bussum erschienen. Wenn man eines der mittlerweile sehr seltenen Exemplare in die Hände bekommt und aufschlägt, dann springt einem ein kleiner Clown auf einem Roller entgegen.

14 In einem Interview sprach Haris Pasović, der Organisator des Filmfestivals in Sarajevo 1993, von einer neuen Kunstströmung in dieser Stadt: dem *Survivalism*. Damit wollte er sagen, daß für die Bewohner der belagerten Stadt Kunst ein wesentlicher Bestandteil des täglichen Überlebens ist. Als Pasović Anfang 1994 dem Treffen »Künstler für Sarajevo« in Amsterdam beiwohnte, entstand der Plan *Scheherazade 2001*: eine Rahmenerzählung mit Geschichten,

geschrieben von jeweils einem anderen europäischen Autor. Sie sollten in möglichst viele Sprachen übersetzt und auf möglichst vielen Bühnen europäischer Städte am Ende einer Vorstellung erzählt werden. Dies alles in sehr kurzer Zeit.

Ich stimmte zu, ohne groß nachzudenken. Daß Schriftsteller politisch aktiv sein müssen, ist ein Standpunkt, der vieles für sich, aber auch vieles gegen sich hat. Der Plan gefiel mir, weil die an die Schriftsteller gerichtete Bitte um Solidarität in erster Linie unserem literarischen Einsatz galt. Er gefiel mir auch, weil ich denke, es stimmt, daß Literatur – Literatur schreiben oder lesen und hören – eine Möglichkeit ist, die Nacht zu überstehen.

Aus Gründen, die hier nichts zur Sache tun wurde in mehrere Sprachen übersetzt und am Freitag, dem 6. Mai 1994 in zahlreichen Theatern in Europa gelesen, darunter sieben in den Niederlanden und fünf in Bosnien.

15 *Das zweite Mal* wurde für *Tirade* geschrieben und in der Mai-Ausgabe 1994 veröffentlicht. (Deutsche Erstveröffentlichung: *Lettre International*, Heft 30, 1995.) Die Redaktion von *Tirade* hatte mich um einen Beitrag zu ihrer Rubrik »Erneute Lektüre« gebeten. Die Idee gefiel mir, allerdings hatte ich keine Lust auf eine Abhandlung. Zum Glück waren da wieder die lesesüchtigen Mädchen, diesmal fast achtzigjährige alte Frauen, die schon erzählen würden, wie es ihnen bei jenem zweiten Mal erging.

Ihr hohes Alter und ihr Platz in der letzten Erzählung dieses Bandes könnten beim Leser den traurigen Gedanken aufkommen lassen, damit sei das letzte Wort über die beiden gesagt. Nichts scheint mir weniger wahr. Was es mit Gustave und der weggelaufenen Stiefmutter auf sich hatte, schreit doch nach Klärung? Auch Tony, Hippolyte und Nadine stecken noch voller Leben, von dem namenlosen Schwesternpaar ganz zu schweigen.